그리스도의 제자도

KB205395

이문선 지음 · 두루제자훈련원 편

엔크리스토
ENCHRISTO

"예수께서 모든 도시와 마을에 두루 다니사

그들의 회당에서 가르치시며

천국 복음을 전파하시며
모든 병과 모든 약한 것을 고치시니라"

(마 9:35)

두루제자훈련원(두루선교회)은
예수님이 모든 도시와 마을에 두루 다니사
가르치시며(teaching ministry)
전파하시며(preaching ministry)
고치시는(healing ministry)
사역을 하신 것을 통하여
두루선교에 대한 비전을 가지고 사역하고 있다.

주님께서 우리에게 부탁하신 지상명령은 이 땅 위에 하나님의 나라를 확장하라는 것입니다.

하나님의 나라를 확장하려면 평신도들이 재생산하는 주님의 제자가 되어야 합니다. 주님의 교회는 성도들을 재생산하는 제자로 훈련시켜야 합니다.

이것은 교회 성장을 넘어 교회보다 더 큰 개념인 하나님 나라의 확장을 이루기 위한 것입니다. 우리는 지상명령을 실천하기 위하여 평신도를 무장하려고 합니다.

이 일을 위한 방편으로 그 동안 교회의 목회 현장에서 목회자들과 성도들과 청년들과 함께 공부해 오던 내용들을 정리하여 부족하지만 교재로 출간하게 되었습니다.

본인의 경우 부교역자 때 처음 청년부에 적용해 보았는데 그들이 예수님을 영접하고 말씀을 열심히 배우고 교회로 돌아오고 변화되는 것을 경험하였습니다.

교회를 개척하여 장년부에도 적용하여 보았는데 기존 교인들보다 오히려 초신자들이 더 열심히 배우고 빠르게 성장하는 것을 경험하였습니다.

고등학생 두 명을 데리고 제자성경공부를 시작하였는데 이들이 크게 성장하여 이후 대학에 들어가 캠퍼스에서 제자훈련을 실시하게 되었습니다.

복음을 듣고 교회 출석하여 6개월만에 학습 받고 캠퍼스 리더로 사역하는 모델도 나왔습니다. 큰 교회는 말할 것도 없거니와 작은 교회는 한번 실시해 보기를 권합니다.

개척교회라 사람이 없으면 여자반, 남자반, 청년반, 학생반 네 반을 만들어 각 반에 최소 두 명으로 시작해 볼 것을 권합니다. 교회가 건강하게 성장하고 성도들이 행복하게 신앙 생활하며 재생산하는 것을 경험하게 될 것입니다.

하나님께서 훈련되고 무장된 성도들을 구름 떼와 같이 일으키셔서 하나님의 나라가 크게 확장되어 가기를 소망합니다.

2006. 새해 아침에

이문선(Moon Sun Lee)

유재원 교수(총신대학교 신학대학원 구약학)

저자는 총신대학교 신학대학원에서 공부하며 '제자훈련의 이론과 실제'라는 졸업 논문을 썼고 우수한 성적으로 졸업하였습니다.

그 이후 계속 공부하면서 교회를 개척하여 목회에 적용하며 제자훈련을 실시하였고 지금까지 30여년 가까이 제자훈련 이 한 길만을 걸어오며 연구하고 발전시켰습니다.

그래서 큰 교회는 말할 것도 없고 특별히 작은 교회에 좋은 모델이 될 수 있다고 봅니다.

두루제자훈련 교재는 개혁주의적인 입장에서 쓴 제자훈련 신학이 잘 정립된 교재일 뿐만 아니라 개척 시부터 교회를 성장시키기까지 목회 현장에서 경험한 내용들을 정선하여 교재화한 매우 현장감 넘치는 내용들을 담고 있습니다.

그동안 한국 교회는 대부분 전통적인 목회 방식으로 교회 성장을 이루려 해 왔으나 본 교재는 제자훈련 목회를 도입한 새로운 목회 방향을 제시하고 있습니다.

그러므로 두루제자훈련 교재는 제자훈련을 한 단계 더 향상시켰고 평신도 사역의 새로운 모델을 제시했다고 봅니다.

두루제자훈련 교재는 평신도가 배운 후 그가 다른 사람들을 양육할 수 있도록 구성되어 있으므로 양육 교재는 아주 이해하기 쉬운 특성을 가지고 있습니다.

이 사실은 이미 전국의 교회 장년부와 청년부 그리고 중고등부에서 사용하고 있으며 전국의 대학 캠퍼스와 고등학교, 직장 모임 등에서 두루제자훈련 교재를 사용하여 사역을 하고 있는 것으로 보아 충분히 입증되고 있습니다. 놀라운 일은 이런 모임들을 훈련된 평신도들이 인도하고 있으며 특별히 청년들은 아주 탁월하게 사역하는 모델들을 보게 됩니다.

본인은 두루제자훈련원의 사역을 들으면서 신선하며 목회의 새로운 비전을 보았습니다. 앞으로 두루제자훈련원을 통해 한국 교회의 변화와 성장을 가져올 것으로 믿습니다.

더 나아가 국내뿐만 아니라 전 세계로 확산되어 하나님 나라의 확장에 크게 기여할 것으로 확신하며 기쁘게 추천하는 바입니다.

제13권 330 제자무장과정 3단계
그리스도의 제자도
그리스도의 제자가 걸어가야 할 제자의 삶에 대해서
배워 주님 따라가는 제자가 되도록 돕는다.

1. 성령의 인도하심과 깨닫게 해 주시기를 위해 기도하십시오.

2. 결석과 지각을 하지 않고 성실히 참석하도록 하십시오.

3. 예습과 복습을 철저히 하십시오.

4. 각 참고 구절의 배경과 의미를 파악하십시오.

5. 토의에 적극 참여하도록 하십시오.

6. 열린 마음으로 정답이 아니라 자신의 생각을 나누십시오.

7. 작은 실천을 구체적으로 적용하십시오.

8. 적용한 것을 실천하기 위해 기도하십시오.

9. 지식적인 성경공부보다 인격과 삶의 변화에 힘쓰십시오.

10. 각 과의 소감과 깨달은 말씀을 정리해 놓으십시오.

11. 과제를 철저히 하는 습관을 기르십시오.

12. 매일 경건 생활을 훈련하는 습관을 기르십시오.

1. 말씀의 도

"그러므로 예수께서 자기를 믿은 유대인들에게 이르시되 너희가 내 말에 거하면 참으로 내 제자가 되고 진리를 알지니 진리가 너희를 자유롭게 하리라" (요 8:31-32)

1

'제자도' 란 제자가 가야 할 길과 제자의 삶을 의미합니다.

제자도의 가장 기본은 말씀에 대한 순종입니다.

예수님을 주님으로 섬기는 우리는 당연히 주님의 말씀에 절대적으로
복종해야 합니다.

말씀에 대한 복종이 제자를 제자 되게 합니다.

(막 2:2) 예수께서 그들에게 도를 말씀하시더니

성경에서 말씀은 '도' 로 표현되기도 하였습니다.

(요 8:31) 그러므로 예수께서 자기를 믿은 유대인들에게 이르시되 너희가 내 말
에 거하면 참으로 내 제자가 되고

예수님의 참제자란 예수님의 말씀에 거하는 자입니다.

예수님의 말씀 안에 거한다는 것은 말씀에 순종하며 말씀을 따라 사는
것을 말합니다.

예수님의 제자는 말씀을 믿고 행하는 자가 되어야 합니다.

1. 제자란 말씀을 믿고 아는 자

1) 진리는 무엇이며 예수님의 말씀은 곧 누구의 말씀입니까? 제자는 누구의 말씀을 어떤 말씀으로 믿어야 합니까?

(시 31:5) 진리의 하나님 여호와여 나를 속량하셨나이다

(요 14:6) 예수께서 이르시되 내가 곧 길이요 진리요 생명이니

(요 18:37) 이를 위하여 세상에 왔나니 곧 진리에 대하여 증언하려 함이로라

(요 17:17) 그들을 진리로 거룩하게 하옵소서 아버지의 말씀은 진리니이다

(요 8:40) 지금 하나님께 들은 진리를 너희에게 말한 사람인 나를 죽이려 하는도다

(요 14:24) 너희가 듣는 말은 내 말이 아니요 나를 보내신 아버지의 말씀이니라

(계 19:13) 또 그가 피 뿌린 옷을 입었는데 그 이름은 하나님의 말씀이라 칭하더라

(히 1:2) 이 모든 날 마지막에는 아들을 통하여 우리에게 말씀하셨으니

(요 8:31) 너희가 내 말에 거하면 참으로 내 제자가 되고

(요 6:68) 주여 영생의 말씀이 주께 있사오니 우리가 누구에게로 가오리이까

(요 6:63) 내가 너희에게 이른 말은 영이요 생명이라

(눅 4:32) 그들이 그 가르치심에 놀라니 이는 그 말씀이 권위가 있음이러라

(눅 4:36) 이 어떠한 말씀인고 권위와 능력으로 더러운 귀신을 명하매 나가는도다 하더라

2) 제자는 말씀을 알기 위해 어떻게 해야 합니까?

(요 8:32) 진리를 알지니 진리가 너희를 자유롭게 하리라

(요 17:8) 나는 아버지께서 내게 주신 말씀들을 그들에게 주었사오며 그들은 이것을 받고

(요일 2:20) 너희는 거룩하신 자에게서 기름 부음을 받고 모든 것을 아느니라

(골 3:16) 그리스도의 말씀이 너희 속에 풍성히 거하여 모든 지혜로 피차 가르치며

(히 5:11) 멜기세덱에 관하여는 우리가 할 말이 많으나 너희가 듣는 것이 둔하므로 설명하기 어려우니라

(히 5:13) 이는 젖을 먹는 자마다 어린 아이니 의의 말씀을 경험하지 못한 자요

(히 5:14) 단단한 음식은 장성한 자의 것이니 그들은 지각을 사용하므로 연단을
받아 선악을 분별하는 자들이니라

3) 나는 성경과 예수님의 말씀을 얼마나 하나님의 말씀으로 믿고 있
습니까?

4) 나는 말씀을 알기 위해 어떻게 하겠습니까?

2. 제자란 말씀 안에 거하는 자

1) 제자가 말씀 안에 거한다는 것은 무엇을 말합니까?

(요 8:31) 너희가 내 말에 거하면 참으로 내 제자가 되고

(요일 2:24) 너희는 처음부터 들은 것을 너희 안에 거하게 하라 처음부터 들은
것이 너희 안에 거하면 너희가 아들과 아버지 안에 거하리라

(요이 1:9) 교훈 안에 거하는 그 사람은 아버지와 아들을 모시느니라

(요 14:10) 내가 너희에게 이르는 말은 스스로 하는 것이 아니라 아버지께서 내
안에 계셔서 그의 일을 하시는 것이라

(마 7:24) 그러므로 누구든지 나의 이 말을 듣고 행하는 자는 그 집을 반석 위에
지은 지혜로운 사람 같으리니

2) 제자가 말씀 안에 거한 결과는 무엇입니까?

(요 8:32) 진리를 알지니 진리가 너희를 자유롭게 하리라

(요일 2:14) 청년들아 내가 너희에게 쓴 것은 너희가 강하고 하나님의 말씀이 너
희 안에 거하시며 너희가 흉악한 자를 이기었음이라

(요 15:7) 너희가 내 안에 거하고 내 말이 너희 안에 거하면 무엇이든지 원하는
대로 구하라 그리하면 이루리라

(막 4:20) 좋은 땅에 뿌려졌다는 것은 곧 말씀을 듣고 받아 삼십 배나 육십 배나 백 배의 결실을 하는 자니라

(요 15:5) 나는 포도나무요 너희는 가지라 그가 내 안에, 내가 그 안에 거하면 사람이 열매를 많이 맺나니 나를 떠나서는 너희가 아무 것도 할 수 없음이라

(요 15:8) 너희가 열매를 많이 맺으면 내 아버지께서 영광을 받으실 것이요 너희는 내 제자가 되리라

(마 7:24) 그러므로 누구든지 나의 이 말을 듣고 행하는 자는 그 집을 반석 위에 지은 지혜로운 사람 같으리니 (마 7:25) 비가 내리고 창수가 나고 바람이 불어 그 집에 부딪치되 무너지지 아니하나니 이는 주추를 반석 위에 놓은 까닭이요

(시 1:2) 오직 여호와의 율법을 즐거워하여 그의 율법을 주야로 묵상하는도다

(시 1:3) 그는 시냇가에 심은 나무가 철을 따라 열매를 맺으며 그 잎사귀가 마르지 아니함 같으니 그가 하는 모든 일이 다 형통하리로다

(요 14:23) 예수께서 대답하여 이르시되 사람이 나를 사랑하면 내 말을 지키리니 내 아버지께서 그를 사랑하실 것이요 우리가 그에게 가서 거처를 그와 함께 하리라

(막 3:35) 누구든지 하나님의 뜻대로 행하는 자가 내 형제요 자매요 어머니이니라

   3) 나는 주님의 말씀 안에 거하는 제자의 축복을 누리며 살고 있습니까?

   4) 나는 말씀 안에 거하기 위해 어떤 일에 더욱 힘쓰겠습니까?

3. 제자란 말씀에 순종하는 자

   1) 예수님은 말씀에 대해 어떻게 행하셨고 제자는 어떻게 행하여야 합니까?

(요 8:55) 나는 그를 알고 또 그의 말씀을 지키노라

(요 14:31) 오직 내가 아버지를 사랑하는 것과 아버지께서 명하신 대로 행하는

것을 세상이 알게 하려 함이로라

(요 6:39) 나를 보내신 이의 뜻을 행하려 함이니라

(눅 24:44) 너희에게 말한 바 곧 모세의 율법과 선지자의 글과 시편에 나를 가리켜 기록된 모든 것이 이루어져야 하리라 한 말이 이것이라 하시고

(요 4:34) 예수께서 이르시되 나의 양식은 나를 보내신 이의 뜻을 행하며 그의 일을 온전히 이루는 이것이니라

(요일 2:6) 그의 안에 산다고 하는 자는 그가 행하시는 대로 자기도 행할지니라

(요 17:6) 그들은 아버지의 말씀을 지키었나이다

(요 18:37) 무릇 진리에 속한 자는 내 소리를 듣느니라

(요 10:27) 내 양은 내 음성을 들으며 나는 그들을 알며 그들은 나를 따르느니라

(요 14:21) 나의 계명을 지키는 자라야 나를 사랑하는 자니

(행 4:19) 하나님 앞에서 너희의 말을 듣는 것이 하나님의 말씀을 듣는 것보다 옳은가 판단하라

2) 주님의 부르심에 순종한 사람들은 누구이며 어떻게 순종하였습니까?

임금님의 부르심에 불순종한 자들의 이유는 무엇이었습니까?

(마 4:19) 말씀하시되 나를 따라오라 내가 너희를 사람을 낚는 어부가 되게 하리라 하시니 (마 4:20) 그들이 곧 그물을 버려 두고 예수를 따르니라

(마 4:21) 배에서 그물 깁는 것을 보시고 부르시니

(마 4:22) 그들이 곧 배와 아버지를 버려 두고 예수를 따르니라

(눅 5:27) 그 후에 예수께서 나가사 레위라 하는 세리가 세관에 앉아 있는 것을 보시고 나를 따르라 하시니 (눅 5:28) 그가 모든 것을 버리고 일어나 따르니라

(요 1:43) 이튿날 예수께서 갈릴리로 나가려 하시다가 빌립을 만나 이르시되 나를 따르라

(마 22:5) 그들이 돌아 보지도 않고 한 사람은 자기 밭으로, 한 사람은 자기 사

업하러 가고

   3) 나는 어떤 목적으로 말씀을 알고자 했습니까?

   4) 나에게 지금 불순종하는 것이 있다면 어떻게 해결하겠습니까?

4. 말씀에 대한 예수님과 제자들의 순종

   1) 예수님은 말씀에 대해 어떤 태도를 보이셨습니까?

(마 1:22) 이 모든 일이 된 것은 주께서 선지자로 하신 말씀을 이루려 하심이니

(요 10:35) 성경은 폐하지 못하나니

(마 5:18) 진실로 너희에게 이르노니 천지가 없어지기 전에는 율법의 일점 일획 도 결코 없어지지 아니하고 다 이루리라

   2) 예수님은 어떻게 순종의 본을 보이셨습니까?

(마 21:4) 이는 선지자를 통하여 하신 말씀을 이루려 하심이라 일렀으되

(요 15:10) 내가 아버지의 계명을 지켜 그의 사랑 안에 거하는 것 같이 너희도 내 계명을 지키면 내 사랑 안에 거하리라

(빌 2:8) 자기를 낮추시고 죽기까지 복종하셨으니 곧 십자가에 죽으심이라

(롬 5:19) 한 사람이 순종하심으로 많은 사람이 의인이 되리라

(요 6:38) 내가 하늘에서 내려온 것은 내 뜻을 행하려 함이 아니요

(요 6:39) 나를 보내신 이의 뜻을 행하려 함이니라

(요 4:34) 예수께서 이르시되 나의 양식은 나를 보내신 이의 뜻을 행하며 그의 일을 온전히 이루는 이것이니라

(마 26:39) 내 아버지여 만일 할 만하시거든 이 잔을 내게서 지나가게 하옵소서 그러나 나의 원대로 마시옵고 아버지의 원대로 하옵소서

(요 17:4) 아버지께서 내게 하라고 주신 일을 내가 이루어 아버지를 이 세상에서

영화롭게 하였사오니

3) 제자들은 말씀에 대해 어떻게 순종하여야 합니까?

(요 14:15) 너희가 나를 사랑하면 나의 계명을 지키리라

(마 21:2) 곧 매인 나귀와 나귀 새끼가 함께 있는 것을 보리니 풀어 내게로 끌고 오라

(막 14:16) 예수께서 하시던 말씀대로 만나 유월절을 준비하니라

(요 10:4) 자기 양을 다 내놓은 후에 앞서 가면 양들이 그의 음성을 아는 고로 따라오되

(눅 6:46) 나를 불러 주여 주여 하면서도 어찌하여 내가 말하는 것을 행하지 아니하느냐

4) 나는 예수님의 순종의 본을 받아 어디까지 순종하겠습니까?

5. 말씀에 대한 순종의 자세와 결과

1) 말씀에 대한 순종의 태도와 자세는 어떠해야 합니까?

(시 119:60) 주의 계명들을 지키기에 신속히 하고 지체하지 아니하였나이다

(막 1:17) 예수께서 이르시되 나를 따라오라 내가 너희로 사람을 낚는 어부가 되게 하리라 하시니 (막 1:18) 곧 그물을 버려 두고 따르니라

(마 26:33) 이르되 모두 주를 버릴지라도 나는 결코 버리지 않겠나이다

(요 2:8) 이제는 떠서 연회장에게 갖다 주라 하시매 갖다 주었더니

(빌 2:8) 자기를 낮추시고 죽기까지 복종하셨으니 곧 십자가에 죽으심이라

2) 말씀에 대한 반응에 따라 어떠한 결과가 주어집니까?

(눅 11:28) 오히려 하나님의 말씀을 듣고 지키는 자가 복이 있느니라

(마 12:50) 누구든지 하늘에 계신 내 아버지의 뜻대로 하는 자가 내 형제요 자매

요 어머니이니라 하시더라

(마 28:20) 내가 너희에게 분부한 모든 것을 가르쳐 지키게 하라 볼지어다 내가 세상 끝날까지 너희와 항상 함께 있으리라 하시니라

(마 7:24) 그러므로 누구든지 나의 이 말을 듣고 행하는 자는 그 집을 반석 위에 지은 지혜로운 사람 같으리니

(마 7:26) 나의 이 말을 듣고 행하지 아니하는 자는 그 집을 모래 위에 지은 어리석은 사람 같으리니

(눅 5:5) 말씀에 의지하여 내가 그물을 내리리이다 하고

(눅 5:6) 그렇게 하니 고기를 잡은 것이 심히 많아 그물이 찢어지는지라

(눅 17:14) 보시고 이르시되 가서 제사장들에게 너희 몸을 보이라 하셨더니 그들이 가다가 깨끗함을 받은지라

(요 9:11) 대답하되 예수라 하는 그 사람이 진흙을 이겨 내 눈에 바르고 나더러 실로암에 가서 씻으라 하기에 가서 씻었더니 보게 되었노라

(요일 3:22) 무엇이든지 구하는 바를 그에게서 받나니 이는 우리가 그의 계명을 지키고 그 앞에서 기뻐하시는 것을 행함이라

(살후 1:8) 우리 주 예수의 복음에 복종하지 않는 자들에게 형벌을 내리시리니

(요 3:36) 아들을 믿는 자에게는 영생이 있고 아들을 순종하지 아니하는 자는 영생을 보지 못하고 도리어 하나님의 진노가 그 위에 머물러 있느니라

3) 나는 어떤 태도로 순종하였습니까?
이해가 될 때만 순종하지는 않았습니까?

4) 지금까지 순종하지 못했던 어떤 일에 순종하겠습니까?

이 과를 마치면서

1. 주님의 말씀에 절대 복종하는 제자가 되도록 기도하십시오.

소감 및 깨달은 말씀

2. 헌신의 도

"이와 같이 너희 중의 누구든지 자기의 모든 소유를 버리지 아니하면 능히
내 제자가 되지 못하리라" (눅 14:33)

2

그리스도의 제자도 가운데 하나는 주님께 전적으로 헌신하는 것입니다.

헌신이란 바쳐진 것을 의미합니다.

헌신은 곧 하나님께 내 자신을 드리는 것을 말합니다.

(롬 12:1) 그러므로 형제들아 내가 하나님의 모든 자비하심으로 너희를 권하노니 너희 몸을 하나님이 기뻐하시는 거룩한 산 제물로 드리라 이는 너희가 드릴 영적 예배니라

여기서 '그러므로' 의 접속사를 통해, 은혜로 구원받은 우리는 마땅히 자신을 드려야 함을 알 수 있습니다.

우리는 우리 자신을 하나님께 바쳐야 합니다.

하나님의 일에 자신을 드리는 것이 헌신의 예배이며 이것이 하나님이 기뻐하시는 제사입니다.

여기서 '너희 몸' 은 삶 전체를 말하는 것으로 우리 삶 전체를 바쳐야 합니다.

구약의 나실인은 하나님께 바쳐진 사람이었습니다.

우리 모두는 나실인으로서 하나님께 바쳐진 사람들입니다.

하나님께 헌신된 사람은 일생 동안 주님께 헌신된 삶을 살아가야 합니다.

1. 예수님의 헌신의 본

1) 예수님은 우리를 구원하시기 위해 어떻게 하셨습니까?

(빌 2:6) 그는 근본 하나님의 본체시나 하나님과 동등됨을 취할 것으로 여기지 아니하시고 (빌 2:7) 오히려 자기를 비워 종의 형체를 가지사 사람들과 같이 되셨고

2) 예수님은 마지막까지 누구를 위하여 어떤 희생을 하셨습니까?

(요 10:15) 아버지께서 나를 아시고 내가 아버지를 아는 것 같으니 나는 양을 위하여 목숨을 버리노라

(요일 3:16) 그가 우리를 위하여 목숨을 버리셨으니 우리가 이로써 사랑을 알고

(엡 5:2) 그리스도께서 너희를 사랑하신 것 같이 너희도 사랑 가운데서 행하라 그는 우리를 위하여 자신을 버리사 향기로운 제물과 희생제물로 하나님께 드리셨느니라

(갈 1:4) 그리스도께서 하나님 곧 우리 아버지의 뜻을 따라 이 악한 세대에서 우리를 건지시려고 우리 죄를 대속하기 위하여 자기 몸을 주셨으니

3) 예수님은 누구의 뜻에 따라 그 몸을 헌신하셨습니까?
그리고 그 결과로 우리는 무엇을 얻었습니까?

(히 10:10) 이 뜻을 따라 예수 그리스도의 몸을 단번에 드리심으로 말미암아 우리가 거룩함을 얻었노라

4) 예수님은 우리에게 헌신의 본을 보여 주셨습니다.
주님을 따르는 제자로서 나는 주님의 발자취를 따라 어떻게 헌신하겠습니까?

(마 4:22) 그들이 곧 배와 아버지를 버려 두고 예수를 따르니라

2. 헌신의 이유

1) 우리가 헌신해야 할 이유로서 하나님의 창조는 어떤 의미가 있습니까?

(창 1:1) 태초에 하나님이 천지를 창조하시니라

(시 24:1) 땅과 거기에 충만한 것과 세계와 그 가운데에 사는 자들은 다 여호와의 것이로다

2) 우리의 가진 것을 헌신해야 할 이유가 무엇입니까?

(고전 4:7) 네게 있는 것 중에 받지 아니한 것이 무엇이냐 네가 받았은즉 어찌하여 받지 아니한 것 같이 자랑하느냐

(신 8:17) 그러나 네가 마음에 이르기를 내 능력과 내 손의 힘으로 내가 이 재물을 얻었다 말할 것이라

(신 8:18) 네 하나님 여호와를 기억하라 그가 네게 재물 얻을 능력을 주셨음이라

3) 우리가 자신을 헌신해야 하는 이유는 무엇입니까? 우리의 헌신이 어떻게 나타나야 합니까?

(고전 6:19) 너희는 너희 자신의 것이 아니라

(고전 6:20) 값으로 산 것이 되었으니 그런즉 너희 몸으로 하나님께 영광을 돌리라

(벧전 1:18) 너희가 알거니와 너희 조상이 물려준 헛된 행실에서 대속함을 받은 것은 은이나 금 같이 없어질 것으로 된 것이 아니요

(벧전 1:19) 오직 흠 없고 점 없는 어린 양 같은 그리스도의 보배로운 피로 된 것이니라

(계 5:9) 일찍이 죽임을 당하사 각 족속과 방언과 백성과 나라 가운데에서 사람들을 피로 사서 하나님께 드리시고

(요일 3:16) 그가 우리를 위하여 목숨을 버리셨으니 우리가 이로써 사랑을 알고 우리도 형제들을 위하여 목숨을 버리는 것이 마땅하니라

4) 나는 하나님의 특별한 소유입니다.

헌신은 대단한 행위가 아니고 주님의 사랑에 대한 당연한 반응입니다.
그렇다면 지금 나는 하나님의 일에 무엇을 드리겠습니까?

(벧전 2:9) 그러나 너희는 택하신 족속이요 왕 같은 제사장들이요 거룩한 나라요
그의 소유가 된 백성이니

3. 헌신의 대가

1) 주님께 헌신하기 전에 먼저 무엇을 해야 합니까?

(눅 14:28) 너희 중의 누가 망대를 세우고자 할진대 자기의 가진 것이 준공하기
까지에 족할는지 먼저 앉아 그 비용을 계산하지 아니하겠느냐

(눅 14:31) 또 어떤 임금이 다른 임금과 싸우러 갈 때에 먼저 앉아 일만 명으로
써 저 이만 명을 거느리고 오는 자를 대적할 수 있을까 헤아리지 아니하겠느냐
(눅 14:32) 만일 못할 터이면 그가 아직 멀리 있을 때에 사신을 보내어 화친을
청할지니라

(눅 14:33) 이와 같이 너희 중의 누구든지 자기의 모든 소유를 버리지 아니하면
능히 내 제자가 되지 못하리라

2) 제자가 제자 되지 못할 때 그 결과로 어떻게 됩니까?

(눅 14:34) 소금이 좋은 것이나 소금도 만일 그 맛을 잃으면 무엇으로 짜게 하리요
(눅 14:35) 땅에도, 거름에도 쓸 데 없어 내버리느니라

3) 나는 제자가 되기 위해 무엇까지 버릴 수 있어야 합니까?

(눅 14:26) 무릇 내게 오는 자가 자기 부모와 처자와 형제와 자매와 더욱이 자기

목숨까지 미워하지 아니하면 능히 내 제자가 되지 못하고

(눅 16:13) 집 하인이 두 주인을 섬길 수 없나니 혹 이를 미워하고 저를 사랑하거나 혹 이를 중히 여기고 저를 경히 여길 것임이니라 너희는 하나님과 재물을 겸하여 섬길 수 없느니라

4) 제자는 어떤 헌신의 대가를 지불해야 합니까?

나는 주님을 따르기 위해 어떤 대가를 치르겠습니까?

(마 13:44) 천국은 마치 밭에 감추인 보화와 같으니 사람이 이를 발견한 후 숨겨 두고 기뻐하며 돌아가서 자기의 소유를 다 팔아 그 밭을 사느니라

(마 13:46) 극히 값진 진주 하나를 발견하매 가서 자기의 소유를 다 팔아 그 진주를 사느니라

4. 헌신해야 할 것

1) 우리가 헌신해야 할 것은 무엇이며 이를 어떻게 사용해야 합니까?

(눅 12:18) 또 이르되 내가 이렇게 하리라 내 곳간을 헐고 더 크게 짓고 내 모든 곡식과 물건을 거기 쌓아 두리라

(눅 12:21) 자기를 위하여 재물을 쌓아 두고 하나님께 대하여 부요하지 못한 자가 이와 같으니라

(눅 16:22) 이에 그 거지가 죽어 천사들에게 받들려 아브라함의 품에 들어가고 부자도 죽어 장사되매 (눅 16:23) 그가 음부에서 고통 중에 눈을 들어 멀리 아브라함과 그의 품에 있는 나사로를 보고

(막 10:21) 예수께서 그를 보시고 사랑하사 이르시되 네게 아직도 한 가지 부족한 것이 있으니 가서 네게 있는 것을 다 팔아 가난한 자들에게 주라 그리하면 하늘에서 보화가 네게 있으리라 그리고 와서 나를 따르라 하시니

(막 10:22) 그 사람은 재물이 많은 고로 이 말씀으로 인하여 슬픈 기색을 띠고

근심하며 가니라 (막 10:23) 예수께서 둘러 보시고 제자들에게 이르시되 재물이 있는 자는 하나님의 나라에 들어가기가 심히 어렵도다 하시니

(눅 8:3) 헤롯의 청지기 구사의 아내 요안나와 수산나와 다른 여러 여자가 함께 하여 자기들의 소유로 그들을 섬기더라

(눅 12:33) 너희 소유를 팔아 구제하여 낡아지지 아니하는 배낭을 만들라 곧 하늘에 둔 바 다함이 없는 보물이니 거기는 도둑도 가까이 하는 일이 없고 좀도 먹는 일이 없느니라

2) 또 우리가 드려야 할 것에는 어떤 것들이 있습니까?

(롬 12:1) 너희 몸을 하나님이 기뻐하시는 거룩한 산 제물로 드리라

(요 13:37) 베드로가 이르되 주여 내가 지금은 어찌하여 따라갈 수 없나이까 주를 위하여 내 목숨을 버리겠나이다

(행 20:24) 내가 달려갈 길과 주 예수께 받은 사명 곧 하나님의 은혜의 복음을 증언하는 일을 마치려 함에는 나의 생명조차 조금도 귀한 것으로 여기지 아니하노라

(롬 14:7) 우리 중에 누구든지 자기를 위하여 사는 자가 없고 자기를 위하여 죽는 자도 없도다 (롬 14:8) 우리가 살아도 주를 위하여 살고 죽어도 주를 위하여 죽나니 그러므로 사나 죽으나 우리가 주의 것이로다

(엡 5:16) 세월을 아끼라 때가 악하니라

(마 25:15) 각각 그 재능대로 한 사람에게는 금 다섯 달란트를, 한 사람에게는 두 달란트를, 한 사람에게는 한 달란트를 주고 떠났더니

(벧전 4:10) 각각 은사를 받은 대로 하나님의 여러 가지 은혜를 맡은 선한 청지기 같이 서로 봉사하라

3) 나의 가진 것을 드리기 전에 먼저 무엇을 드려야 합니까?

(고후 8:5) 그들이 먼저 자신을 주께 드리고 또 하나님 뜻을 따라 우리에게 주었

도다

4) 내게 있는 것 중에서 아직도 나의 것으로 생각하는 것은 무엇입니까?

아직도 온전히 바쳐지지 못한 것은 무엇입니까?

나는 주님이 쓰고자 하시는 어떤 것을 드리도록 하겠습니까?

5. 헌신의 결과

1) 주님을 위해 어떤 것을 희생한 사람은 어떤 보상을 받게 됩니까?

(막 8:35) 누구든지 자기 목숨을 구원하고자 하면 잃을 것이요 누구든지 나와 복음을 위하여 자기 목숨을 잃으면 구원하리라

(마 19:28) 예수께서 이르시되 내가 진실로 너희에게 이르노니 세상이 새롭게 되어 인자가 자기 영광의 보좌에 앉을 때에 나를 따르는 너희도 열두 보좌에 앉아 이스라엘 열두 지파를 심판하리라

(마 19:29) 또 내 이름을 위하여 집이나 형제나 자매나 부모나 자식이나 전토를 버린 자마다 여러 배를 받고 또 영생을 상속하리라

(눅 18:29) 이르시되 내가 진실로 너희에게 이르노니 하나님의 나라를 위하여 집이나 아내나 형제나 부모나 자녀를 버린 자는 (눅 18:30) 현세에 여러 배를 받고 내세에 영생을 받지 못할 자가 없느니라 하시니라

(막 10:29) 예수께서 이르시되 내가 진실로 너희에게 이르노니 나와 복음을 위하여 집이나 형제나 자매나 어머니나 아버지나 자식이나 전토를 버린 자는

(막 10:30) 현세에 있어 집과 형제와 자매와 어머니와 자식과 전토를 백 배나 받되 박해를 겸하여 받고 내세에 영생을 받지 못할 자가 없느니라

(마 12:50) 누구든지 하늘에 계신 내 아버지의 뜻대로 하는 자가 내 형제요 자매요 어머니이니라 하시더라

2) 우리가 주님께 헌신할 때 금세와 내세의 약속이 있습니다.
우리가 누구와 무엇을 위해 희생할 때 풍성한 보상이 주어집니까?

3) 나에게는 하나님께 헌신해서 복 받은 경험이 있습니까?
있다면 그 경험을 나누어 보십시오.

4) 헌신은 일종의 하나님께 대한 투자라고 할 수 있습니다.
나는 주님을 위해 과감히 무엇을 희생하기로 결단하겠습니까?

이 과를 마치면서

1. 나를 위해 자신을 온전히 드리신 예수님의 헌신을 깊이 묵상하
   십시오.

소감 및 깨달은 말씀

3. 증인의 도

"오직 성령이 너희에게 임하시면 너희가 권능을 받고 예루살렘과 온 유대와 사마리아와 땅 끝까지 이르러 내 증인이 되리라 하시니라" (행 1:8)

3

그리스도의 제자도 가운데 하나는 증인이 되는 것입니다.

제자훈련은 복음 증거로부터 시작됩니다.

구약과 신약에서 증인은 법정용어로 사용되고 있습니다.

증인은 법정에서 보고 들은 사실을 증언하는 사람입니다.

(눅 1:2) 처음부터 목격자와 말씀의 일꾼 된 자들이 전하여 준 그대로 내력을 저술하려고 붓을 든 사람이 많은지라

신약에서 증인이란 예수님에 대해 보고 들은 것을 증거하는 자들을 가리킵니다.

증인(말투스)이라는 용어는 순교자를 가리키는 용어로도 쓰이고 있습니다.

스데반은 주님의 증인으로 순교했습니다.

(행 1:8) 오직 성령이 너희에게 임하시면 너희가 권능을 받고… 내 증인이 되리라

성령 받은 사람, 다시 말해서 구원 받은 사람은 다 증인입니다.

따라서 모든 그리스도인이 다 예수 그리스도의 증인입니다.

우리를 제자로 부르신 목적은 예수님의 증인으로서 예수님을 증거하게 하기 위해서입니다.

1. 누가 증인입니까?

1) 구약에서부터 예수님이 오시기까지 증거한 사람들은 누구입니까?

(행 10:43) 그에 대하여 모든 선지자도 증언하되 그를 믿는 사람들이 다 그의 이름을 힘입어 죄 사함을 받는다 하였느니라

(사 43:10) 나 여호와가 말하노라 너희는 나의 증인, 나의 종으로 택함을 입었나니 이는 너희가 나를 알고 믿으며 내가 그인 줄 깨닫게 하려 함이라

(요 1:7) 그가 증언하러 왔으니 곧 빛에 대하여 증언하고 모든 사람이 자기로 말미암아 믿게 하려 함이라

(요 5:33) 너희가 요한에게 사람을 보내매 요한이 진리에 대하여 증언하였느니라

2) 삼위 하나님은 예수님을 어떻게 증거하십니까?

(요 5:32) 나를 위하여 증언하시는 이가 따로 있으니 나를 위하여 증언하시는 그 증언이 참인 줄 아노라

(요 5:37) 또한 나를 보내신 아버지께서 친히 나를 위하여 증언하셨느니라

(요 8:18) 내가 나를 위하여 증언하는 자가 되고

(요 10:25) 내가 내 아버지의 이름으로 행하는 일들이 나를 증거하는 것이거늘

(요 15:26) 내가 아버지께로부터 너희에게 보낼 보혜사 곧 아버지께로부터 나오시는 진리의 성령이 오실 때에 그가 나를 증언하실 것이요

3) 신약에서는 누가 예수님의 증인입니까?

(눅 6:13) 밝으매 그 제자들을 부르사 그 중에서 열 둘을 택하여 사도라 칭하셨으니

(요 20:21) 아버지께서 나를 보내신 것 같이 나도 너희를 보내노라

(행 26:16) 내가 네게 나타난 것은 곧 네가 나를 본 일과 장차 내가 네게 나타날 일에 너로 종과 증인을 삼으려 함이니

(행 14:14) 두 사도 바나바와 바울이 듣고 옷을 찢고 무리 가운데 뛰어 들어가서

(요 15:27) 너희도 처음부터 나와 함께 있었으므로 증언하느니라

(막 16:20) 제자들이 나가 두루 전파할새 주께서 함께 역사하사 그 따르는 표적으로 말씀을 확실히 증언하시니라

(계 22:16) 나 예수는 교회들을 위하여 내 사자를 보내어 이것들을 너희에게 증언하게 하였노라

(행 22:20) 또 주의 증인 스데반이 피를 흘릴 때에 내가 곁에 서서 찬성하고

(계 6:9) 다섯째 인을 떼실 때에 내가 보니 하나님의 말씀과 그들이 가진 증거로 말미암아 죽임을 당한 영혼들이 제단 아래에 있어

4) 결국 사도들은 누구이며 또한 누가 사도들을 계승하였습니까? 나는 주님의 제자로서 어떤 사명을 감당하겠습니까?

(엡 2:20) 너희는 사도들과 선지자들의 터 위에 세우심을 입은 자라

2. 증거의 내용과 효력

1) 우리가 증거해야 할 내용은 무엇입니까?

(시 119:22) 내가 주의 교훈들을 지켰사오니 비방과 멸시를 내게서 떠나게 하소서

(출 25:16) 내가 네게 줄 증거판을 궤 속에 둘지며

(행 8:25) 두 사도가 주의 말씀을 증언하여 말한 후 예루살렘으로 돌아갈새

(딤후 1:8) 그러므로 너는 내가 우리 주를 증언함과 또는 주를 위하여 갇힌 자 된 나를 부끄러워하지 말고

2) 사도들이 증거하였던 내용은 무엇입니까?

(행 20:24) 내가 달려갈 길과 주 예수께 받은 사명 곧 하나님의 은혜의 복음을 증언하는 일을 마치려 함에는 나의 생명조차 조금도 귀한 것으로 여기지 아니하노라

(계 1:2) 요한은 하나님의 말씀과 예수 그리스도의 증거 곧 자기가 본 것을 다 증

언하였느니라

(눅 24:46) 이같이 그리스도가 고난을 받고 제삼일에 죽은 자 가운데서 살아날 것과 (눅 24:47) 또 그의 이름으로 죄 사함을 받게 하는 회개가 예루살렘에서 시작하여 모든 족속에게 전파될 것이 기록되었으니 (눅 24:48) 너희는 이 모든 일의 증인이라

(행 1:21) 이러하므로 요한의 세례로부터 우리 가운데서 올려져 가신 날까지 주 예수께서 우리 가운데 출입하실 때에 (행 1:22) 항상 우리와 함께 다니던 사람 중에 하나를 세워 우리와 더불어 예수께서 부활하심을 증언할 사람이 되게 하여야 하리라 하거늘

(행 5:30) 너희가 나무에 달아 죽인 예수를 우리 조상의 하나님이 살리시고

(행 5:31) 이스라엘에게 회개함과 죄 사함을 주시려고 그를 오른손으로 높이사 임금과 구주로 삼으셨느니라 (행 5:32) 우리는 이 일에 증인이요 하나님이 자기에게 순종하는 사람들에게 주신 성령도 그러하니라 하더라

(행 10:39) 우리는 유대인의 땅과 예루살렘에서 그가 행하신 모든 일에 증인이라

(행 20:21) 유대인과 헬라인들에게 하나님께 대한 회개와 우리 주 예수 그리스도께 대한 믿음을 증언한 것이라

(행 28:23) 바울이 아침부터 저녁까지 강론하여 하나님의 나라를 증언하고

(계 1:2) 요한은 하나님의 말씀과 예수 그리스도의 증거 곧 자기가 본 것을 다 증언하였느니라

(요일 4:14) 아버지가 아들을 세상의 구주로 보내신 것을 우리가 보았고 또 증언하노니

3) 성경에서는 증인 몇 명의 증거라야 효력이 있습니까?

(신 17:5) 너는 그 악을 행한 남자나 여자를 네 성문으로 끌어내고 그 남자나 여자를 돌로 쳐죽이되 (신 17:6) 죽일 자를 두 사람이나 세 사람의 증언으로 죽일 것이요 한 사람의 증언으로는 죽이지 말 것이며 (신 17:7) 이런 자를 죽이기 위

하여는 증인이 먼저 그에게 손을 댄 후에 뭇 백성이 손을 댈지니라 너는 이와 같이 하여 너희 중에서 악을 제할지니라

(마 18:16) 만일 듣지 않거든 한두 사람을 데리고 가서 두세 증인의 입으로 말마다 확증하게 하라

4) 우리는 예수님에 대한 수많은 증인(목격자)들의 증거를 증거합니다. 그렇다면 나는 이제 어떻게 증거하겠습니까?

(요 8:17) 너희 율법에도 두 사람의 증언이 참되다 기록되었으니

3. 증거의 대상과 범위

1) 구약에서는 어디에서, 누구에게 증거해야 한다고 말하고 있습니까?

(창 12:3) 땅의 모든 족속이 너로 말미암아 복을 얻을 것이라 하신지라

(시 2:8) 내게 구하라 내가 이방 나라를 네 유업으로 주리니 네 소유가 땅 끝까지 이르리로다

(시 72:11) 모든 왕이 그의 앞에 부복하며 모든 민족이 다 그를 섬기리로다

(사 49:6) 내가 또 너를 이방의 빛으로 삼아 나의 구원을 베풀어서 땅 끝까지 이르게 하리라

(사 2:2) 말일에 여호와의 전의 산이 모든 산 꼭대기에 굳게 설 것이요 모든 작은 산 위에 뛰어나리니 만방이 그리로 모여들 것이라

2) 복음서에서는 어디에서, 누구에게 증거해야 한다고 말하고 있습니까?

(마 28:19) 그러므로 너희는 가서 모든 민족을 제자로 삼아

(막 16:15) 너희는 온 천하에 다니며 만민에게 복음을 전파하라

(마 24:14) 이 천국 복음이 모든 민족에게 증언되기 위하여 온 세상에 전파되리

니 그제야 끝이 오리라

3) 사도행전 이후에서는 어디에서, 누구에게 증거해야 한다고 말합니까?

(행 1:8) 오직 성령이 너희에게 임하시면 너희가 권능을 받고 예루살렘과 온 유대와 사마리아와 땅 끝까지 이르러 내 증인이 되리라

(계 7:9) 이 일 후에 내가 보니 각 나라와 족속과 백성과 방언에서 아무도 능히 셀 수 없는 큰 무리가 나와 흰 옷을 입고 손에 종려 가지를 들고 보좌 앞과 어린 양 앞에 서서

4) 나와 나의 교회는 지상명령 성취의 목표를 가지고 있습니까? 나는 전 세계에 복음을 증거하기 위해 어떻게 하겠습니까?

4. 증인의 자세와 태도

1) 예수님은 우리가 증거하다가 어떤 일을 당할 것이라고 하셨습니까?

(막 13:9) 사람들이 너희를 공회에 넘겨 주겠고 너희를 회당에서 매질하겠으며 나로 말미암아 너희가 권력자들과 임금들 앞에 서리니 이는 그들에게 증거가 되려 함이라

(막 13:12) 형제가 형제를, 아비가 자식을 죽는데 내주며 자식들이 부모를 대적하여 죽게 하리라 (막 13:13) 또 너희가 내 이름으로 말미암아 모든 사람에게 미움을 받을 것이나 끝까지 견디는 자는 구원을 받으리라

(눅 21:13) 이 일이 도리어 너희에게 증거가 되리라

2) 예수님의 증인은 무엇까지 각오해야 합니까?

(계 1:5) 또 충성된 증인으로 죽은 자들 가운데에서 먼저 나시고

(행 22:20) 또 주의 증인 스데반이 피를 흘릴 때에 내가 곁에 서서 찬성하고

(행 20:24) 내가 달려갈 길과 주 예수께 받은 사명 곧 하나님의 은혜의 복음을 증언하는 일을 마치려 함에는 나의 생명조차 조금도 귀한 것으로 여기지 아니하노라

(행 21:13) 나는 주 예수의 이름을 위하여 결박 당할 뿐 아니라 예루살렘에서 죽을 것도 각오하였노라

(계 2:13) 네가 내 이름을 굳게 잡아서 내 충성된 증인 안디바가 너희 가운데 곧 사탄이 사는 곳에서 죽임을 당할 때에도 나를 믿는 믿음을 저버리지 아니하였도다

(계 6:9) 다섯째 인을 떼실 때에 내가 보니 하나님의 말씀과 그들이 가진 증거로 말미암아 죽임을 당한 영혼들이 제단 아래에 있어

(계 17:6) 또 내가 보매 이 여자가 성도들의 피와 예수의 증인들의 피에 취한지라

3) 또 증인의 자세와 태도는 어떠해야 합니까?

(계 3:14) 라오디게아 교회의 사자에게 편지하라 아멘이시오 충성되고 참된 증인이시오

(행 14:3) 두 사도가 오래 있어 주를 힘입어 담대히 말하니 주께서 그들의 손으로 표적과 기사를 행하게 하여 주사 자기 은혜의 말씀을 증언하시니

4) 나는 복음의 증인으로 앞으로 어떻게 복음을 증거하겠습니까?

5. 증거의 능력과 결과

1) 예수님은 복음의 증인들에게 무엇을 약속하셨습니까?

(눅 24:48) 너희는 이 모든 일의 증인이라

(눅 24:49) 볼지어다 내가 내 아버지께서 약속하신 것을 너희에게 보내리니 너희는 위로부터 능력으로 입혀질 때까지 이 성에 머물라 하시니라

(행 1:8) 오직 성령이 너희에게 임하시면 너희가 권능을 받고 예루살렘과 온 유

대와 사마리아와 땅 끝까지 이르러 내 증인이 되리라 하시니라

2) 제자들은 어떤 능력을 받아 어떻게 복음을 증거하겠습니까?

(행 2:4) 그들이 다 성령의 충만함을 받고 성령이 말하게 하심을 따라 다른 언어들로 말하기를 시작하니라

(행 4:31) 빌기를 다하매 모인 곳이 진동하더니 무리가 다 성령이 충만하여 담대히 하나님의 말씀을 전하니라 (행 4:33) 사도들이 큰 권능으로 주 예수의 부활을 증언하니

(고전 2:4) 내 말과 내 전도함이 설득력 있는 지혜의 말로 하지 아니하고 다만 성령의 나타남과 능력으로 하여

(살전 1:5) 이는 우리 복음이 너희에게 말로만 이른 것이 아니라 또한 능력과 성령과 큰 확신으로 된 것임이라

(막 16:20) 제자들이 나가 두루 전파할새 주께서 함께 역사하사 그 따르는 표적으로 말씀을 확실히 증언하시니라

3) 복음에 대한 태도는 어떤 결과를 가져다줍니까?

(막 6:11) 어느 곳에서든지 너희를 영접하지 아니하고 너희 말을 듣지도 아니하거든 거기서 나갈 때에 발 아래 먼지를 떨어버려 그들에게 증거를 삼으라 하시니

(마 10:32) 누구든지 사람 앞에서 나를 시인하면 나도 하늘에 계신 내 아버지 앞에서 그를 시인할 것이요 (마 10:33) 누구든지 사람 앞에서 나를 부인하면 나도 하늘에 계신 내 아버지 앞에서 그를 부인하리라

4) 나는 주님을 능력 있게 증거하기 위해 어떻게 하겠습니까?

이 과를 마치면서

1. 한평생 주님을 증거하는 제자로 살아가도록 기도하십시오.

소감 및 깨달은 말씀

4. 사랑의 도

"너희가 서로 사랑하면 이로써
모든 사람이 너희가 내 제자인 줄 알리라" (요 13:35)

4

그리스도의 제자도 가운데 하나는 사랑입니다.

예수님의 제자는 사랑의 계명을 실천하며 살아야 합니다.

예수님께서는 십자가에 달려 죽으시기 전날 밤에 마지막 고별 설교를 하셨습니다.

그리고 고별 설교에서 예수님은 가장 중요한 새 계명을 주셨습니다.

(요 13:34) 새 계명을 너희에게 주노니 서로 사랑하라 내가 너희를 사랑한 것 같이 너희도 서로 사랑하라

이는 사랑하는 제자들에게 마지막으로 주신 유언과 같은 말씀이었습니다.

주님의 제자는 주님의 사랑을 실천하는 삶을 살아가야 합니다.

1. 사랑의 이유

1) 우리가 사랑해야 할 이유는 무엇입니까?

(신 6:5) 너는 마음을 다하고 뜻을 다하고 힘을 다하여 네 하나님 여호와를 사랑하라

(요일 4:19) 우리가 사랑함은 그가 먼저 우리를 사랑하셨음이라

(요 13:34) 새 계명을 너희에게 주노니 서로 사랑하라 내가 너희를 사랑한 것 같이 너희도 서로 사랑하라

(요일 3:16) 그가 우리를 위하여 목숨을 버리셨으니 우리가 이로써 사랑을 알고 우리도 형제들을 위하여 목숨을 버리는 것이 마땅하니라

(마 24:12) 불법이 성하므로 많은 사람의 사랑이 식어지리라

(갈 5:22) 오직 성령의 열매는 사랑과 희락과 화평과 오래 참음과 자비와 양선과 충성과

(요일 3:11) 우리는 서로 사랑할지니 이는 너희가 처음부터 들은 소식이라

(시 116:1) 여호와께서 내 음성과 내 간구를 들으시므로 내가 그를 사랑하는도다

(요일 4:10) 사랑은 여기 있으니 우리가 하나님을 사랑한 것이 아니요 하나님이 우리를 사랑하사 우리 죄를 속하기 위하여 화목 제물로 그 아들을 보내셨음이라

(요일 4:20) 보는 바 그 형제를 사랑하지 아니하는 자는 보지 못하는 바 하나님을 사랑할 수 없느니라

(고후 5:14) 그리스도의 사랑이 우리를 강권하시는도다

2) 옛 계명은 무엇입니까?

온 율법과 선지자의 강령이란 어떤 의미입니까?

(레 19:18) 네 이웃 사랑하기를 네 자신과 같이 사랑하라

(마 22:37) 예수께서 이르시되 네 마음을 다하고 목숨을 다하고 뜻을 다하여 주 너의 하나님을 사랑하라 하셨으니 (마 22:38) 이것이 크고 첫째 되는 계명이요 (마 22:39) 둘째도 그와 같으니 네 이웃을 네 자신 같이 사랑하라 하셨으니 (마

22:40) 이 두 계명이 온 율법과 선지자의 강령이니라

3) 옛 계명과 새 계명의 차이는 무엇입니까?

(요 15:12) 내 계명은 곧 내가 너희를 사랑한 것 같이 너희도 서로 사랑하라 하는 이것이니라

4) 새 계명은 주님이 주신 가장 큰 계명입니다.

나는 지금까지 새 계명에 대해 어떻게 생각하였습니까?

나는 이제 새 계명을 어떤 자세로 실천하겠습니까?

2. 사랑의 기준

1) 우리가 행할 사랑의 기준은 무엇입니까?

(막 12:31) 둘째는 이것이니 네 이웃을 네 자신과 같이 사랑하라 하신 것이라

(요 13:34) 새 계명을 너희에게 주노니 서로 사랑하라 내가 너희를 사랑한 것 같이 너희도 서로 사랑하라

2) 예수님은 우리를 어떻게 사랑하셨습니까?

(엡 5:2) 그리스도께서 너희를 사랑하신 것 같이 너희도 사랑 가운데서 행하라 그는 우리를 위하여 자신을 버리사 향기로운 제물과 희생제물로 하나님께 드리셨느니라

(요 10:11) 나는 선한 목자라 선한 목자는 양들을 위하여 목숨을 버리거니와

3) 주님의 사랑을 본받아 우리는 어떻게 서로 사랑해야 합니까?

(요일 3:16) 그가 우리를 위하여 목숨을 버리셨으니 우리가 이로써 사랑을 알고 우리도 형제들을 위하여 목숨을 버리는 것이 마땅하니라

(살전 4:9) 형제 사랑에 관하여는 너희에게 쓸 것이 없음은 너희들 자신이 하나

님의 가르치심을 받아 서로 사랑함이라

(살전 2:8) 우리가 이같이 너희를 사모하여 하나님의 복음뿐 아니라 우리의 목숨까지도 너희에게 주기를 기뻐함은 너희가 우리의 사랑하는 자 됨이라

(고후 12:15) 내가 너희 영혼을 위하여 크게 기뻐하므로 재물을 사용하고 또 내 자신까지도 내어 주리니 너희를 더욱 사랑할수록 나는 사랑을 덜 받겠느냐

(빌 2:17) 만일 너희 믿음의 제물과 섬김 위에 내가 나를 전제로 드릴지라도 나는 기뻐하고 너희 무리와 함께 기뻐하리니

(롬 16:4) 그들은 내 목숨을 위하여 자기들의 목까지도 내놓았나니 나뿐 아니라 이방인의 모든 교회도 그들에게 감사하느니라

(빌 2:30) 그가 그리스도의 일을 위하여 죽기에 이르러도 자기 목숨을 돌보지 아니한 것은 나를 섬기는 너희의 일에 부족함을 채우려 함이니라

   4) 나는 형제를 어떻게 사랑하였습니까?
나는 이제 어떤 형제까지, 어떻게 사랑하겠습니까?
(고전 8:11) 그러면 네 지식으로 그 믿음이 약한 자가 멸망하나니 그는 그리스도께서 위하여 죽으신 형제라

3. 사랑은 제자라는 증거

   1) 예수 믿고 구원 받은 사람은 다 예수님의 제자입니다.
그러나 우리가 예수님의 제자라는 것을 다른 사람들이 인정하게 되는 것은 언제입니까?
(요 13:35) 너희가 서로 사랑하면 이로써 모든 사람이 너희가 내 제자인 줄 알리라

   2) 하나님을 사랑하는 것은 누구를 사랑하는 것으로 나타나야 합니까?
(요일 4:20) 누구든지 하나님을 사랑하노라 하고 그 형제를 미워하면 이는 거짓

말하는 자니 보는 바 그 형제를 사랑하지 아니하는 자는 보지 못하는 바 하나님을 사랑할 수 없느니라 (요일 4:21) 우리가 이 계명을 주께 받았나니 하나님을 사랑하는 자는 또한 그 형제를 사랑할지니라

3) 가까운 곳에서부터 사랑을 실천해야 합니다.

내가 사랑을 실천해야 할 곳은 어디입니까?

(엡 5:25) 남편들아 아내 사랑하기를 그리스도께서 교회를 사랑하시고 그 교회를 위하여 자신을 주심 같이 하라

(엡 5:28) 이와 같이 남편들도 자기 아내 사랑하기를 자기 자신과 같이 할지니 자기 아내를 사랑하는 자는 자기를 사랑하는 것이라

(행 2:44) 믿는 사람이 다 함께 있어 모든 물건을 서로 통용하고

(행 2:45) 또 재산과 소유를 팔아 각 사람의 필요를 따라 나눠 주며

(행 4:32) 믿는 무리가 한마음과 한 뜻이 되어 모든 물건을 서로 통용하고 자기 재물을 조금이라도 자기 것이라 하는 이가 하나도 없더라

(행 4:34) 그 중에 가난한 사람이 없으니 이는 밭과 집 있는 자는 팔아 그 판 것의 값을 가져다가 (행 4:35) 사도들의 발 앞에 두매 그들이 각 사람의 필요를 따라 나누어 줌이라

4) 사랑도 연습하고 훈련해야 합니다.

내가 할 수 있는 작은 것에서부터 사랑을 실천해 보십시오.

내가 가지고 있는 것 중에서 어떤 것을 사랑으로 다른 형제와 나누겠습니까?

4. 사랑은 전도의 방법

1) 지상명령을 실천하는 방법은 무엇이라고 생각합니까?

예루살렘 교회가 사랑을 실천할 때 어떤 결과가 있었습니까?

(요 3:16) 하나님이 세상을 이처럼 사랑하사 독생자를 주셨으니 이는 그를 믿는 자마다 멸망하지 않고 영생을 얻게 하려 하심이라

(고전 1:23) 우리는 십자가에 못 박힌 그리스도를 전하니

(고전 13:3) 내가 내게 있는 모든 것으로 구제하고 또 내 몸을 불사르게 내어 줄지라도 사랑이 없으면 내게 아무 유익이 없느니라

(행 2:44) 믿는 사람이 다 함께 있어 모든 물건을 서로 통용하고

(행 2:45) 또 재산과 소유를 팔아 각 사람의 필요를 따라 나눠 주며

(행 2:47) 온 백성에게 칭송을 받으니 주께서 구원 받는 사람을 날마다 더하게 하시니라

2) 우리는 주님의 사랑으로 어떤 사람까지 사랑해야 합니까?

(눅 6:32) 너희가 만일 너희를 사랑하는 자만을 사랑하면 칭찬 받을 것이 무엇이냐 죄인들도 사랑하는 자는 사랑하느니라

(눅 6:35) 오직 너희는 원수를 사랑하고 선대하며

3) 우리는 총칼로 세상을 정복하는 것이 아니라 무엇으로 세상을 정복해야 합니까?

4) 나는 어떻게 전도하는 것으로 생각했습니까?

전도는 주님의 사랑으로 사람들을 녹이는 것입니다.

나는 이제 어떻게 사랑으로 전도하겠습니까?

(요 15:13) 사람이 친구를 위하여 자기 목숨을 버리면 이보다 더 큰 사랑이 없나니

5. 사랑의 실천 방안

1) 작은 일에서부터 사랑을 실천해야 합니다.

사랑을 실천하는 방안에는 어떤 것들이 있습니까?

(살전 2:2) 너희가 아는 바와 같이 우리가 빌립보에서 고난과 능욕을 당하였으나

(히 10:24) 서로 돌아보아 사랑과 선행을 격려하며

(롬 12:10) 형제를 사랑하며 서로 우애하고 존경하기를 서로 먼저 하며

(벧전 5:14) 너희는 사랑의 입맞춤으로 서로 문안하라

(요 13:14) 내가 주와 또는 선생이 되어 너희 발을 씻었으니 너희도 서로 발을 씻어 주는 것이 옳으니라

(눅 6:31) 남에게 대접을 받고자 하는 대로 너희도 남을 대접하라

(벧전 4:10) 각각 은사를 받은 대로 하나님의 여러 가지 은혜를 맡은 선한 청지기 같이 서로 봉사하라

(갈 5:13) 형제들아 너희가 자유를 위하여 부르심을 입었으나 그러나 그 자유로 육체의 기회를 삼지 말고 오직 사랑으로 서로 종 노릇 하라

(약 5:16) 그러므로 너희 죄를 서로 고백하며 병 낫기를 위하여 서로 기도하라 의인의 간구는 역사하는 힘이 큼이니라

(엡 6:18) 여러 성도를 위하여 구하라

(요일 3:18) 자녀들아 우리가 말과 혀로만 사랑하지 말고 행함과 진실함으로 하자

(롬 16:8) 또 주안에서 내 사랑하는 암블리아에게 문안하라

(고후 2:8) 그러므로 너희를 권하노니 사랑을 그들에게 나타내라

(고전 12:26) 만일 한 지체가 고통을 받으면 모든 지체가 함께 고통을 받고 한 지체가 영광을 얻으면 모든 지체가 함께 즐거워하느니라

(롬 12:15) 즐거워하는 자들과 함께 즐거워하고 우는 자들과 함께 울라

(전 7:2) 초상집에 가는 것이 잔칫집에 가는 것보다 나으니 모든 사람의 끝이 이와 같이 됨이라

2) 이런 사랑을 실천하는 구체적인 방안들을 말해 보십시오.

3) 사랑을 실천해야 할 것 가운데 나는 어떤 것을 잘하고 있습니까? 또 나는 어떤 것을 잘하지 못하고 있습니까?

4) 주위에는 사랑을 필요로 하는 사람들이 많습니다. 나는 지금 시급히 어떻게 사랑을 실천하겠습니까?

이 과를 마치면서

1. 주님의 가장 큰 명령과 가장 큰 계명 간의 관계를 말해 보십시오. 주님의 제자로서 사랑의 사도가 되게 해 달라고 기도하십시오.

소감 및 깨달은 말씀

5. 종의 도

"형제들아 너희가 자유를 위하여 부르심을 입었으나 그러나
그 자유로 육체의 기회를 삼지 말고 오직 사랑으로 서로 종 노릇 하라" (갈 5:13)

5

그리스도의 제자도 가운데 하나는 종이 되는 것입니다.

하나님의 종은 하나님의 택함을 받아, 하나님의 일을 하는, 하나님의 일군을 말합니다. 그러므로 주의 종이란 영예로운 호칭입니다.

주님의 제자가 된다는 것은 주님의 종으로 쓰임 받는다는 것을 말합니다.

히브리어로 종은 '에벧' 입니다.

이 말은 주종 관계의 예속을 표현하는 말로 사용되었습니다.

헬라어로는 '둘로스' 인데 이는 전적으로 매인 노예를 의미하였습니다.

종은 주인의 소유물이고 주인의 재산입니다.

노예란 자기 자신의 의지가 없고 주인의 의지가 곧 자신의 의지가 됩니다.

노예는 선택할 자유가 없고 오직 주인이 시키는 대로 할 뿐입니다.

그러므로 노예는 주인만 위해서 봉사해야 하는, 자유의지가 없는 자입니다.

종은 주인을 섬기는 사람이고 주인과 운명을 함께 하는 사람입니다.

우리가 예수님의 주 되심을 인정하는 것은 우리의 종 됨을 인정하는 것입니다.

1. 누가 종입니까?

1) 구약에서는 누구를 주의 종으로 말하고 있습니까?

(창 26:24) 두려워하지 말라 내 종 아브라함을 위하여 내가 너와 함께 있어 네게 복을 주어 네 자손이 번성하게 하리라 하신지라

(창 24:14) 그는 주께서 주의 종 이삭을 위하여 정하신 자라

(민 12:7) 내 종 모세와는 그렇지 아니하니 그는 내 온 집에 충성함이라

(수 24:29) 이 일 후에 여호와의 종 눈의 아들 여호수아가 백십 세에 죽으매

(삼하 7:8) 그러므로 이제 내 종 다윗에게 이와 같이 말하라

(대하 32:16) 산헤립의 신하들도 더욱 여호와 하나님과 그의 종 히스기야를 비방하였으며

(왕하 17:13) 내 종 선지자들을 통하여 너희에게 전한 모든 율법대로 행하라 하셨으나

(왕하 9:36) 여호와께서 그 종 디셉 사람 엘리야를 통하여 말씀하신 바라

(단 6:20) 살아 계시는 하나님의 종 다니엘아

(학 2:23) 스알디엘의 아들 내 종 스룹바벨아 여호와가 말하노라

(렘 25:9) 보라 내가 북쪽 모든 종족과 내 종 바벨론의 왕 느부갓네살을 불러다가 이 땅과 그 주민과 사방 모든 나라를 쳐서 진멸하여 그들을 놀램과 비웃음거리가 되게 하며 땅으로 영원한 폐허가 되게 할 것이라

(사 49:3) 너는 나의 종이요 내 영광을 네 속에 나타낼 이스라엘이라 하셨느니라

(시 136:22) 곧 그 종 이스라엘에게 기업으로 주신 이에게 감사하라

2) 이사야 42-53장에서 말하는 여호와의 종인 한 사람은 누구입니까?

메시아는 어떤 종입니까?

(사 42:1) 내가 붙드는 나의 종, 내 마음에 기뻐하는 자 곧 내가 택한 사람을 보라 내가 나의 영을 그에게 주었은즉 그가 이방에 정의를 베풀리라

(마 12:18) 보라 내가 택한 종 곧 내 마음에 기뻐하는 바 내가 사랑하는 자로다 내가 내 영을 그에게 줄 터이니 그가 심판을 이방에 알게 하리라

(행 3:13) 아브라함과 이삭과 야곱의 하나님 곧 우리 조상의 하나님이 그의 종 예수를 영화롭게 하셨느니라

(행 4:30) 손을 내밀어 병을 낫게 하시옵고 표적과 기사가 거룩한 종 예수의 이름으로 이루어지게 하옵소서 하더라

(빌 2:6) 그는 근본 하나님의 본체시나 하나님과 동등됨을 취할 것으로 여기지 아니하시고 (빌 2:7) 오히려 자기를 비워 종의 형체를 가지사 사람들과 같이 되셨고

3) 신약에서는 누구를 종으로 말하고 있습니까?

(벧후 1:1) 예수 그리스도의 종이며 사도인 시몬 베드로는

(딛 1:1) 하나님의 종이요 예수 그리스도의 사도인 나 바울이 사도 된 것은

(약 1:1) 하나님과 주 예수 그리스도의 종 야고보는

(골 4:12) 그리스도 예수의 종인 너희에게서 온 에바브라가 너희에게 문안하느니라

(계 10:7) 하나님이 그의 종 선지자들에게 전하신 복음과 같이 하나님의 그 비밀이 이루어지리라 하더라

(계 19:10) 나는 너와 및 예수의 증언을 받은 네 형제들과 같이 된 종이니

(눅 2:29) 주재여 이제는 말씀하신 대로 종을 평안히 놓아 주시는도다

(행 2:18) 그 때에 내가 내 영을 내 남종과 여종들에게 부어 주리니

(계 19:5) 하나님의 종들 곧 그를 경외하는 너희들아

4) 목회자뿐만 아니라 모든 성도들도 주의 종입니다.
나는 주님의 제자로서 어떻게 주님을 섬기겠습니까?

2. 제자는 누구의 종입니까?

1) 주의 종은 누구를 섬기는 종으로 살아가야 합니까?

(딛 1:1) 하나님의 종이요 예수 그리스도의 사도인 나 바울이 사도 된 것은

(벧후 1:1) 예수 그리스도의 종이며 사도인 시몬 베드로는

(약 1:1) 하나님과 주 예수 그리스도의 종 야고보는

2) 주의 종으로서 주님을 섬기는 방법 중 하나는 무엇입니까?
그러나 우리는 누구의 종이 되어서는 안 됩니까?

(고후 4:5) 우리가 우리를 전파하는 것이 아니라 오직 그리스도 예수의 주 되신 것과 또 예수를 위하여 우리가 너희의 종 된 것을 전파함이라

(갈 5:13) 형제들아 너희가 자유를 위하여 부르심을 입었으나 그러나 그 자유로 육체의 기회를 삼지 말고 오직 사랑으로 서로 종 노릇 하라

(고전 7:23) 너희는 값으로 사신 것이니 사람들의 종이 되지 말라

3) 더 나아가 우리는 누구에게까지 종이 되어야 합니까?
그 이유는 무엇입니까?

(고전 9:19) 내가 모든 사람에게서 자유로우나 스스로 모든 사람에게 종이 된 것은 더 많은 사람을 얻고자 함이라

4) 예수님은 여호와의 종으로서 종의 모델을 보여주셨습니다.
예수님은 왕으로서 종이 되어 섬기신 분입니다.
나는 이제 전도대상자를 구원하기 위해 어떻게 종노릇하겠습니까?

3. 종이 되는 이유

1) 우리는 누구를 본받아 종이 되어야 합니까?

(빌 2:7) 오히려 자기를 비워 종의 형체를 가지사 사람들과 같이 되셨고

(빌 2:8) 사람의 모양으로 나타나사 자기를 낮추시고 죽기까지 복종하셨으니 곧 십자가에 죽으심이라

2) 우리는 어떻게 주님의 종이 되었습니까?

(레 25:50) 자기 몸이 팔린 해로부터 희년까지를 그 산 자와 계산하여 그 연수를 따라서 그 몸의 값을 정할 때에 그 사람을 섬긴 날을 그 사람에게 고용된 날로 여길 것이라

(고전 7:23) 너희는 값으로 사신 것이니 사람들의 종이 되지 말라

3) 우리는 어떻게 종이 되기로 한 자들입니까?

(출 21:5) 만일 종이 분명히 말하기를 내가 상전과 내 처자를 사랑하니 나가서 자유인이 되지 않겠노라 하면

(고전 9:19) 내가 모든 사람에게서 자유로우나 스스로 모든 사람에게 종이 된 것은 더 많은 사람을 얻고자 함이라

4) 나는 종이 되려고 하기보다는 높아지려 하고 있지 않습니까?

오늘날과 같은 경쟁 사회에서 남보다 높아지고자 하는 마음을 어떻게 비우겠습니까?

(막 10:44) 너희 중에 누구든지 으뜸이 되고자 하는 자는 모든 사람의 종이 되어야 하리라

4. 종의 자질과 자세

1) 종은 어떤 자질을 갖추어야 합니까?

(눅 22:42) 그러나 내 원대로 마시옵고 아버지의 원대로 되기를 원하나이다

(눅 12:47) 주인의 뜻을 알고도 준비하지 아니하고 그 뜻대로 행하지 아니한 종은 많이 맞을 것이요

(마 8:9) 나도 남의 수하에 있는 사람이요 내 아래에도 군사가 있으니 이더러 가라 하면 가고 저더러 오라 하면 오고 내 종더러 이것을 하라 하면 하나이다

(딤후 2:4) 병사로 복무하는 자는 자기 생활에 얽매이는 자가 하나도 없나니 이는 병사로 모집한 자를 기쁘게 하려 함이라

(마 11:29) 나는 마음이 온유하고 겸손하니 나의 멍에를 메고 내게 배우라

(딤후 2:24) 주의 종은 마땅히 다투지 아니하고 모든 사람에 대하여 온유하며

(빌 2:3) 아무 일에든지 다툼이나 허영으로 하지 말고 오직 겸손한 마음으로 각각 자기보다 남을 낫게 여기고

(딤후 2:24) 주의 종은 마땅히… 가르치기를 잘하며

(마 25:21) 그 주인이 이르되 잘 하였도다 착하고 충성된 종아 네가 적은 일에 충성하였으매 내가 많은 것을 네게 맡기리니 네 주인의 즐거움에 참여할지어다

(마 24:45) 충성되고 지혜 있는 종이 되어 주인에게 그 집 사람들을 맡아 때를 따라 양식을 나눠 줄 자가 누구냐

2) 우리는 종으로서 어떤 자세와 태도를 취해야 합니까?

(마 25:26) 그 주인이 대답하여 이르되 악하고 게으른 종아 나는 심지 않은 데서 거두고 헤치지 않은 데서 모으는 줄로 네가 알았느냐

(롬 12:11) 부지런하여 게으르지 말고 열심을 품고 주를 섬기라

(눅 12:35) 허리에 띠를 띠고 등불을 켜고 서 있으라

(눅 12:37) 주인이 와서 깨어 있는 것을 보면 그 종들은 복이 있으리로다

(눅 17:8) 도리어 그더러 내 먹을 것을 준비하고 띠를 띠고 내가 먹고 마시는 동안에 수종들고 너는 그 후에 먹고 마시라 하지 않겠느냐 (눅 17:9) 명한 대로 하였다고 종에게 감사하겠느냐 (눅 17:10) 이와 같이 너희도 명령 받은 것을 다 행한 후에 이르기를 우리는 무익한 종이라 우리의 하여야 할 일을 한 것뿐이라 할지니라

(갈 1:10) 이제 내가 사람들에게 좋게 하랴 하나님께 좋게 하랴 사람들에게 기쁨을 구하랴 내가 지금까지 사람들의 기쁨을 구하였다면 그리스도의 종이 아니니라

(요 15:20) 내가 너희에게 종이 주인보다 더 크지 못하다 한 말을 기억하라 사람들이 나를 박해하였은즉 너희도 박해할 것이요 내 말을 지켰은즉 너희 말도 지킬 것이라

(막 10:39) 그들이 말하되 할 수 있나이다 예수께서 이르시되 너희는 내가 마시는 잔을 마시며 내가 받는 세례를 받으려니와

3) 나는 주님의 종으로서 합당한 자질과 태도를 갖추고 있습니까?
특별히 지금 나에게 필요한 자질과 태도에는 어떤 것이 있습니까?

4) 나는 종으로서 어떤 면이 부족합니까?
나는 종으로서 부족한 자질과 태도를 만회하기 위해 어떤 노력을 하겠습니까?

5. 주의 종이 해야 할 일과 결과

1) 주의 종이 해야 할 일은 무엇입니까?

(마 24:45) 충성되고 지혜 있는 종이 되어 주인에게 그 집 사람들을 맡아 때를 따라 양식을 나눠 줄 자가 누구냐

(눅 12:47) 주인의 뜻을 알고도 준비하지 아니하고 그 뜻대로 행하지 아니한 종은 많이 맞을 것이요

(눅 16:13) 집 하인이 두 주인을 섬길 수 없나니 혹 이를 미워하고 저를 사랑하거나 혹 이를 중히 여기고 저를 경히 여길 것임이니라 너희는 하나님과 재물을 겸하여 섬길 수 없느니라

2) 맡겨진 일에 충성된 종과 게으른 종에게 임한 결과는 각각 어떠합니까?

(마 24:46) 주인이 올 때에 그 종의 이렇게 하는 것을 보면 그 종이 복이 있으리

로다

(마 24:47) 내가 진실로 너희에게 이르노니 주인이 그의 모든 소유를 그에게 맡기리라

(마 24:48) 만일 그 악한 종이 마음에 생각하기를 주인이 더디 오리라 하여

(마 24:49) 동무들을 때리며 술 친구들과 더불어 먹고 마시게 되면

(마 24:50) 생각하지 않은 날 알지 못하는 시간에 그 종의 주인이 이르러

(마 24:51) 엄히 때리고 외식하는 자가 받는 벌에 처하리니 거기서 슬피 울며 이를 갈리라

(마 25:21) 그 주인이 이르되 잘 하였도다 착하고 충성된 종아 네가 적은 일에 충성하였으매 내가 많은 것을 네게 맡기리니 네 주인의 즐거움에 참여할지어다 하고

(마 25:26) 그 주인이 대답하여 이르되 악하고 게으른 종아 나는 심지 않은 데서 거두고 헤치지 않은 데서 모으는 줄로 네가 알았느냐

(마 25:30) 이 무익한 종을 바깥 어두운 데로 내쫓으라 거기서 슬피 울며 이를 갈리라

3) 나는 착하고 충성된 종이었습니까? 악하고 게으른 종이었습니까? 나는 어떤 일에 충성되지 못했습니까?

4) 나는 주님의 종으로 칭찬과 상급을 받기 위해 어떻게 충성하겠습니까?

이 과를 마치면서

1. 하나님의 종으로, 사람의 종으로 살아갈 수 있도록 기도하십시오.

소감 및 깨달은 말씀

6. 섬김의 도

"예수께서 앉으사 열두 제자를 불러서 이르시되 누구든지 첫째가 되고자 하면 뭇 사람의 끝이 되며 뭇 사람을 섬기는 자가 되어야 하리라 하시고" (막 9:35)

6

그리스도의 제자도 가운데 하나는 섬김입니다.

예수님은 만왕의 왕이신 분임에도 우리를 위하여 종이 되어 섬기셨습니다.

성경에서 '종' (둘로스)이라는 명사와 '섬기다' (디아코네오)라는 동사는 자주 함께 나옵니다.

'종' 이란 말이 신분을 나타내는 것이라면 '섬기다' 라는 말은 신분보다 기능을 강조하는 것입니다.

'디아코니아' (섬김, 봉사)는 식사 시중을 뜻하며 이는 다른 사람을 향한 봉사를 의미합니다.

섬기는 것은 다른 사람의 필요를 채워 주는 것입니다.

섬김이란 도움이 필요한 사람을 섬기고자 자신을 기꺼이 희생하는 것입니다.

예수님의 제자는 다른 사람을 섬기는 사람입니다.

예수님의 제자는 종으로 섬기는 자가 되어야 합니다.

1. 섬김의 대상

1) 우리가 섬겨야 할 대상은 누구입니까?

(마 4:10) 주 너의 하나님께 경배하고 다만 그를 섬기라 하였느니라

(요 12:26) 사람이 나를 섬기려면 나를 따르라 나 있는 곳에 나를 섬기는 자도 거기 있으리니 사람이 나를 섬기면 내 아버지께서 그를 귀히 여기시리라

(빌 2:30) 그가 그리스도의 일을 위하여 죽기에 이르러도 자기 목숨을 돌보지 아니한 것은 나를 섬기는 너희의 일에 부족함을 채우려 함이니라

(딤후 1:18) 또 그가 에베소에서 많이 봉사한 것을 네가 잘 아느니라

(갈 6:6) 가르침을 받는 자는 말씀을 가르치는 자와 모든 좋은 것을 함께 하라

(갈 6:10) 그러므로 우리는 기회 있는 대로 모든 이에게 착한 일을 하되 더욱 믿음의 가정들에게 할지니라

(고후 9:1) 성도를 섬기는 일에 대하여는 내가 너희에게 쓸 필요가 없나니

(롬 15:25) 그러나 이제는 내가 성도를 섬기는 일로 예루살렘에 가노니

2) 더 나아가 우리는 어떤 사람까지 섬겨야 합니까?

(막 9:35) 예수께서 앉으사 열두 제자를 불러서 이르시되 누구든지 첫째가 되고자 하면 뭇 사람의 끝이 되며 뭇 사람을 섬기는 자가 되어야 하리라 하시고

(고전 9:19) 내가 모든 사람에게서 자유로우나 스스로 모든 사람에게 종이 된 것은 더 많은 사람을 얻고자 함이라

(엡 6:7) 기쁜 마음으로 섬기기를 주께 하듯 하고 사람들에게 하듯 하지 말라

(마 25:35) 내가 주릴 때에 너희가 먹을 것을 주었고 목마를 때에 마시게 하였고 나그네 되었을 때에 영접하였고

(마 25:36) 헐벗었을 때에 옷을 입혔고 병들었을 때에 돌보았고 옥에 갇혔을 때에 와서 보았느니라

(약 1:27) 하나님 아버지 앞에서 정결하고 더러움이 없는 경건은 곧 고아와 과부를 그 환난 중에 돌아보고

3) 나는 하나님과 사람들을 잘 섬겼습니까?
잘 섬기지 못한 부분들이 있다면 어떤 것입니까?

4) 나는 특별히 어떤 사람들을 잘 섬기도록 노력하겠습니까?

2. 섬김의 교훈과 본

1) 예수님은 예루살렘에 올라가시면서 무엇을 예언하셨습니까?

(막 10:32) 예루살렘으로 올라가는 길에 예수께서 그들 앞에 서서 가시는데 그들이 놀라고 따르는 자들은 두려워하더라 이에 다시 열두 제자를 데리시고 자기가 당할 일을 말씀하여 이르시되 (막 10:33) 보라 우리가 예루살렘에 올라가노니 인자가 대제사장들과 서기관들에게 넘겨지매 그들이 죽이기로 결의하고 이방인들에게 넘겨 주겠고 (막 10:34) 그들은 능욕하며 침 뱉으며 채찍질하고 죽일 것이나 그는 삼 일 만에 살아나리라 하시니라

2) 예수님은 죽으실 것에 대해 말씀하시는데 제자들이 추구한 것은 무엇입니까?

(막 10:35) 세베대의 아들 야고보와 요한이 주께 나아와 여짜오되 선생님이여 무엇이든지 우리의 구하는 바를 우리에게 하여 주시기를 원하옵나이다 (막 10:36) 이르시되 너희에게 무엇을 하여 주기를 원하느냐 (막 10:37) 여짜오되 주의 영광 중에서 우리를 하나는 주의 우편에, 하나는 좌편에 앉게 하여 주옵소서
(막 10:41) 열 제자가 듣고 야고보와 요한에 대하여 화를 내거늘

3) 세상 나라와 하나님의 나라는 어떻게 다릅니까?

교회 안에 세상이 들어와 있는 경우는 어떤 경우입니까?
(막 10:42) 예수께서 불러다가 이르시되 이방인의 집권자들이 그들을 임의로 주

관하고 그 고관들이 그들에게 권세를 부리는 줄을 너희가 알거니와 (막 10:43) 너희 중에는 그렇지 않을지니 너희 중에 누구든지 크고자 하는 자는 너희를 섬기는 자가 되고 (막 10:44) 너희 중에 누구든지 으뜸이 되고자 하는 자는 모든 사람의 종이 되어야 하리라

(요삼 1:9) 내가 두어 자를 교회에 썼으나 그들 중에 으뜸되기를 좋아하는 디오드레베가 우리를 맞아들이지 아니하니 (요삼 1:10) 그러므로 내가 가면 그 행한 일을 잊지 아니하리라 그가 악한 말로 우리를 비방하고도 오히려 부족하여 형제들을 맞아들이지도 아니하고 맞아들이고자 하는 자를 금하여 교회에서 내쫓는도다

4) 예수님은 섬김을 가르치셨을 뿐만 아니라 섬김의 본을 보여 주셨습니다.

나는 예수님처럼 섬기려 하고 있습니까? 섬김을 받으려 하고 있습니까?

결국 장성하여 큰 사람만이 섬길 수 있습니다.

나는 섬김의 리더십을 어떻게 실천하겠습니까?

(막 10:45) 인자가 온 것은 섬김을 받으려 함이 아니라 도리어 섬기려 하고 자기 목숨을 많은 사람의 대속물로 주려 함이니라

(눅 22:27) 앉아서 먹는 자가 크냐 섬기는 자가 크냐 앉아서 먹는 자가 아니냐 그러나 나는 섬기는 자로 너희 중에 있노라

(요 13:14) 내가 주와 또는 선생이 되어 너희 발을 씻었으니 너희도 서로 발을 씻어 주는 것이 옳으니라

3. 섬김의 이유와 방법

1) 우리가 섬겨야 하는 이유는 무엇입니까?

(눅 22:27) 앉아서 먹는 자가 크냐 섬기는 자가 크냐 앉아서 먹는 자가 아니냐 그러나 나는 섬기는 자로 너희 중에 있노라

(고후 9:1) 성도를 섬기는 일에 대하여는 내가 너희에게 쓸 필요가 없나니

(고후 9:13) 그들과 모든 사람을 섬기는 너희의 후한 연보로 말미암아 하나님께 영광을 돌리고

(마 4:10) 이에 예수께서 말씀하시되 사탄아 물러가라 기록되었으되 주 너의 하나님께 경배하고 다만 그를 섬기라 하였느니라

(롬 14:18) 이로써 그리스도를 섬기는 자는 하나님을 기쁘시게 하며 사람에게도 칭찬을 받느니라

(마 20:26) 너희 중에는 그렇지 않아야 하나니 너희 중에 누구든지 크고자 하는 자는 너희를 섬기는 자가 되고

(마 23:11) 너희 중에 큰 자는 너희를 섬기는 자가 되어야 하리라

2) 우리는 어떻게 섬겨야 합니까?

(눅 10:40) 마르다는 준비하는 일이 많아 마음이 분주한지라

(고후 11:8) 내가 너희를 섬기기 위하여 다른 여러 교회에서 비용을 받은 것은 탈취한 것이라

(롬 12:7) 혹 섬기는 일이면 섬기는 일로, 혹 가르치는 자면 가르치는 일로,

(롬 15:27) 만일 이방인들이 그들의 영적인 것을 나눠 가졌으면 육적인 것으로 그들을 섬기는 것이 마땅하니라

(눅 8:3) 헤롯의 청지기 구사의 아내 요안나와 수산나와 다른 여러 여자가 함께 하여 자기들의 소유로 그들을 섬기더라

(고후 8:2) 환난의 많은 시련 가운데서 그들의 넘치는 기쁨과 극심한 가난이 그들의 풍성한 연보를 넘치도록 하게 하였느니라

(사 50:4) 나로 곤고한 자를 말로 어떻게 도와 줄 줄을 알게 하시고

(롬 12:13) 성도들의 쓸 것을 공급하며 손 대접하기를 힘쓰라

3) 나는 지금까지 어떤 이유로, 어떻게 섬겨왔습니까?

4) 섬김을 실천했지만 자기를 자랑하기 위한 목적으로 섬기지는 않았습니까?

나는 이제 어떤 일을 어떻게 섬기겠습니까?

4. 섬김의 자세와 태도

1) 우리는 어떤 태도로 하나님을 섬겨야 합니까?

(롬 12:11) 부지런하여 게으르지 말고 열심을 품고 주를 섬기라

(행 20:19) 곧 모든 겸손과 눈물이며 유대인의 간계로 말미암아 당한 시험을 참고 주를 섬긴 것과

(고후 9:7) 각각 그 마음에 정한 대로 할 것이요 인색함으로나 억지로 하지 말지니 하나님은 즐겨 내는 자를 사랑하시느니라

2) 우리는 어떤 태도로 사람들을 섬겨야 합니까?

(히 6:10) 하나님이 불의하지 아니하사 너희 행위와 그의 이름을 위하여 나타낸 사랑으로 이미 성도를 섬긴 것과 이제도 섬기고 있는 것을 잊어버리지 아니하시느니라

(고후 8:2) 환난의 많은 시련 가운데서 그들의 넘치는 기쁨과 극심한 가난이 그들의 풍성한 연보를 넘치도록 하게 하였느니라

(롬 15:31) 나로 유대에서 순종하지 아니하는 자들로부터 건짐을 받게 하고 또 예루살렘에 대하여 내가 섬기는 일을 성도들이 받을 만하게 하고

(마 6:3) 너는 구제할 때에 오른손이 하는 것을 왼손이 모르게 하여

(마 6:4) 네 구제함을 은밀하게 하라 은밀한 중에 보시는 너의 아버지께서 갚으시리라

(빌 2:30) 그가 그리스도의 일을 위하여 죽기에 이르러도 자기 목숨을 돌보지 아니한 것은 나를 섬기는 너희의 일에 부족함을 채우려 함이니라

(엡 6:7) 기쁜 마음으로 섬기기를 주께 하듯 하고 사람들에게 하듯 하지 말라

(딤전 6:2) 믿는 상전이 있는 자들은 그 상전을 형제라고 가볍게 여기지 말고 더 잘 섬기게 하라 이는 유익을 받는 자들이 믿는 자요 사랑을 받는 자임이라

(골 3:23) 무슨 일을 하든지 마음을 다하여 주께 하듯 하고 사람에게 하듯 하지 말라

(눅 6:31) 남에게 대접을 받고자 하는 대로 너희도 남을 대접하라

3) 나는 어떤 자세와 태도를 가지고 섬겨 왔습니까?
나의 섬김의 자세와 태도에는 어떤 문제가 있습니까?

4) 나의 잘못된 섬김의 자세와 태도를 어떻게 고치겠습니까?

5. 섬김의 결과

1) 하나님과 예수님을 섬긴 사람은 어떤 복을 받게 됩니까?

(롬 14:18) 이로써 그리스도를 섬기는 자는 하나님을 기쁘시게 하며 사람에게도 칭찬을 받느니라

(요 12:26) 사람이 나를 섬기려면 나를 따르라 나 있는 곳에 나를 섬기는 자도 거기 있으리니 사람이 나를 섬기면 내 아버지께서 그를 귀히 여기시리라

(빌 2:8) 사람의 모양으로 나타나사 자기를 낮추시고 죽기까지 복종하셨으니 곧 십자가에 죽으심이라

(빌 2:9) 이러므로 하나님이 그를 지극히 높여 모든 이름 위에 뛰어난 이름을 주사

2) 사람들을 섬긴 사람은 어떤 복을 받게 됩니까?

(고후 9:13) 그들과 모든 사람을 섬기는 너희의 후한 연보로 말미암아 하나님께 영광을 돌리고

(골 3:24) 이는 기업의 상을 주께 받을 줄 아나니 너희는 주 그리스도를 섬기느

니라

(고후 9:6) 이것이 곧 적게 심는 자는 적게 거두고 많이 심는 자는 많이 거둔다 하는 말이로다

(빌 4:18) 내게는 모든 것이 있고 또 풍부한지라 에바브로디도 편에 너희가 준 것을 받으므로 내가 풍족하니 이는 받으실 만한 향기로운 제물이요 하나님을 기쁘시게 한 것이라

(마 10:42) 누구든지 제자의 이름으로 이 작은 자 중 하나에게 냉수 한 그릇이라도 주는 자는 내가 진실로 너희에게 이르노니 그 사람이 결단코 상을 잃지 아니하리라 하시니라

(막 10:43) 너희 중에는 그렇지 않을지니 너희 중에 누구든지 크고자 하는 자는 너희를 섬기는 자가 되고

  3) 나는 하나님과 사람을 섬김으로 어떤 복을 받은 경험이 있습니까?

  4) 우리는 섬김의 권세를 받았습니다.
교회는 서로 섬기는 공동체입니다.
나는 이제 내게 주신 것들로 어떻게 섬기겠습니까?

이 과를 마치면서

  1. 섬기기보다는 섬김을 받으려 했던 것을 회개하십시오.
     주님을 섬기듯이 사람들을 섬길 수 있도록 기도하십시오.

소감 및 깨달은 말씀

7. 십자가의 도

"무릇 내게 오는 자가 자기 부모와 처자와 형제와 자매와 더욱이
자기 목숨까지 미워하지 아니하면 능히 내 제자가 되지 못하고 누구든지 자기
십자가를 지고 나를 따르지 않는 자도 능히 내 제자가 되지 못하리라" (눅 14:26-27)

7

그리스도의 제자도 가운데 마지막은 십자가의 도입니다.

예수님은 날마다 자기 십자가를 지는 제자도에 대해 말씀하셨습니다.

십자가형은 잔인한 형벌이었습니다.

십자가는 가장 고통스러운 방법으로 죄인을 죽이는 도구였습니다.

사형수는 그가 처형될 십자가를 직접 지고 사형장까지 가야했습니다.

(요 19:17) 예수께서 자기의 십자가를 지시고 해골 (히브리 말로 골고다)이라 하는 곳에 나가시니

예수님도 자기의 십자가를 지시고 골고다로 가셨습니다.

십자가는 고난과 죽음을 상징합니다.

십자가의 도는 주님을 따르는 제자가 고난과 죽음을 각오해야 한다는 사실을 말해 줍니다.

1. 자기를 부인하라

1) 예수님을 따르는 제자는 소극적으로 어떻게 해야 합니까?

(눅 9:23) 또 무리에게 이르시되 아무든지 나를 따라오려거든 자기를 부인하고 날마다 제 십자가를 지고 나를 따를 것이니라

2) 자기를 부인하는 것은 어떤 것입니까?

(마 16:23) 예수께서 돌이키시며 베드로에게 이르시되 사탄아 내 뒤로 물러 가라 너는 나를 넘어지게 하는 자로다 네가 하나님의 일을 생각하지 아니하고 도리어 사람의 일을 생각하는도다 하시고

(마 26:39) 그러나 나의 원대로 마시옵고 아버지의 원대로 하옵소서

(요일 2:16) 이는 세상에 있는 모든 것이 육신의 정욕과 안목의 정욕과 이생의 자랑이니 다 아버지께로부터 온 것이 아니요 세상으로부터 온 것이라

(딤후 3:2) 사람들이 자기를 사랑하며 돈을 사랑하며

(고후 5:15) 그가 모든 사람을 대신하여 죽으심은 살아 있는 자들로 하여금 다시는 그들 자신을 위하여 살지 않고 오직 그들을 대신하여 죽었다가 다시 살아나신 이를 위하여 살게 하려 함이라

3) 자기를 부인하는 것은 또 어떤 것입니까?

(벧전 2:24) 친히 나무에 달려 그 몸으로 우리 죄를 담당하셨으니 이는 우리로 죄에 대하여 죽고 의에 대하여 살게 하려 하심이라

(갈 5:24) 그리스도 예수의 사람들은 육체와 함께 그 정욕과 탐심을 십자가에 못 박았느니라

(갈 5:16) 내가 이르노니 너희는 성령을 따라 행하라 그리하면 육체의 욕심을 이루지 아니하리라 (갈 5:17) 육체의 소욕은 성령을 거스르고 성령은 육체를 거스르나니 이 둘이 서로 대적함으로 너희가 원하는 것을 하지 못하게 하려 함이니라

4) 내 자신을 부인해야 할 부분은 어떤 것입니까?

나는 이것을 어떻게 부인하겠습니까?

2. 십자가를 지라

1) 예수님을 따르는 제자는 적극적으로 어떻게 해야 합니까?

주님의 제자는 예수님을 본받아 십자가를 어떻게 져야 합니까?

주님의 제자로서 십자가를 지는 것은 무엇을 말합니까?

(눅 9:23) 또 무리에게 이르시되 아무든지 나를 따라오려거든 자기를 부인하고 날마다 제 십자가를 지고 나를 따를 것이니라

(요 10:18) 이를 내게서 빼앗는 자가 있는 것이 아니라 내가 스스로 버리노라

(마 23:34) 그러므로 내가 너희에게 선지자들과 지혜 있는 자들과 서기관들을 보내매 너희가 그 중에서 더러는 죽이거나 십자가에 못 박고 그 중에서 더러는 너희 회당에서 채찍질하고 이 동네에서 저 동네로 따라다니며 박해하리라

2) 바울은 어떤 고난을 당했습니까?

(고후 11:23) 그들이 그리스도의 일꾼이냐 정신없는 말을 하거니와 나는 더욱 그러하도다 내가 수고를 넘치도록 하고 옥에 갇히기도 더 많이 하고 매도 수없이 맞고 여러 번 죽을 뻔하였으니

(고후 11:24) 유대인들에게 사십에서 하나 감한 매를 다섯 번 맞았으며

(고후 11:25) 세 번 태장으로 맞고 한 번 돌로 맞고 세 번 파선하고 일 주야를 깊은 바다에서 지냈으며

(고후 11:26) 여러 번 여행하면서 강의 위험과 강도의 위험과 동족의 위험과 이방인의 위험과 시내의 위험과 광야의 위험과 바다의 위험과 거짓 형제 중의 위험을 당하고

(고후 11:27) 또 수고하며 애쓰고 여러 번 자지 못하고 주리며 목마르고 여러 번 굶고 춥고 헐벗었노라

(골 1:24) 나는 이제 너희를 위하여 받는 괴로움을 기뻐하고 그리스도의 남은 고난을 그의 몸 된 교회를 위하여 내 육체에 채우노라

3) 우리는 주님의 고난에 어떤 자세로 동참해야 합니까?

예수님과 그의 제자가 마셔야 할 잔은 어떤 잔입니까?

(벧전 4:13) 오히려 너희가 그리스도의 고난에 참여하는 것으로 즐거워하라 이는 그의 영광을 나타내실 때에 너희로 즐거워하고 기뻐하게 하려 함이라

(히 13:13) 그런즉 우리도 그의 치욕을 짊어지고 영문 밖으로 그에게 나아가자

(히 12:2) 믿음의 주요 또 온전하게 하시는 이인 예수를 바라보자 그는 그 앞에 있는 기쁨을 위하여 십자가를 참으사 부끄러움을 개의치 아니하시더니 하나님 보좌 우편에 앉으셨느니라

(막 10:39) 그들이 말하되 할 수 있나이다 예수께서 이르시되 너희는 내가 마시는 잔을 마시며 내가 받는 세례를 받으려니와

4) 내가 날마다 죽어야 할 부분은 무엇입니까?

지금 내가 짊어져야 할 십자가는 무엇이고 어떻게 지겠습니까?

(고전 15:31) 형제들아 내가 그리스도 예수 우리 주 안에서 가진 바 너희에 대한 나의 자랑을 두고 단언하노니 나는 날마다 죽노라

3. 나를 좇으라

1) 예수님의 제자는 누구를 따라가야 합니까?

'나를 좇을 것이니라' 는 현재형인데 어떻게 따르라는 말씀입니까?

(눅 9:23) 또 무리에게 이르시되 아무든지 나를 따라오려거든 자기를 부인하고 날마다 제 십자가를 지고 나를 따를 것이니라

2) 예수님의 제자는 어떤 가운데서도 주님을 따라야 합니까?

(마 10:38) 또 자기 십자가를 지고 나를 따르지 않는 자도 내게 합당하지 아니하니라

(눅 14:27) 누구든지 자기 십자가를 지고 나를 따르지 않는 자도 능히 내 제자가 되지 못하리라

3) 예수님의 제자는 주님을 따르되 어디까지 따라야 합니까?

(막 14:50) 제자들이 다 예수를 버리고 도망하니라

(막 14:52) 베 홑이불을 버리고 벗은 몸으로 도망하니라

(눅 22:54) 예수를 잡아 끌고 대제사장의 집으로 들어갈새 베드로가 멀찍이 따라가니라

(계 14:4) 이 사람들은 여자와 더불어 더럽히지 아니하고 순결한 자라 어린 양이 어디로 인도하든지 따라가는 자며 사람 가운데에서 속량함을 받아 처음 익은 열매로 하나님과 어린 양에게 속한 자들이니

4) 주님을 따르지 않는 사람은 주님의 제자가 아닙니다.

나는 주님을 잘 따르고 있습니까?

나는 주님을 어디까지 따르겠습니까?

4. 주님을 따르려면

1) 예수님을 따르겠다고 한 이 사람에게는 어떤 문제점이 있었습니까?

주님을 따르려고 하는 제자는 무엇을 각오해야 합니까?

주님을 따르는 제자는 무엇을 믿고 의지해야 합니까?

(눅 9:57) 길 가실 때에 혹이 여짜오되 어디로 가시든지 저는 좇으리이다

(눅 9:58) 예수께서 가라사대 여우도 굴이 있고 공중의 새도 집이 있으되 인자는 머리 둘 곳이 없도다 하시고

(고전 4:11) 바로 이 시각까지 우리가 주리고 목마르며 헐벗고 매맞으며 정처가 없고

(마 6:33) 너희는 먼저 그의 나라와 그의 의를 구하라 그리하면 이 모든 것을 너희에게 더하시리라

2) 예수님의 부름을 받은 사람은 무엇을 먼저 하기를 요청하였습니까?

예수님이 하신 답변의 의미는 무엇입니까?

예수님을 따르려는 제자는 무엇에 우선권을 두어야 합니까?

(눅 9:59) 또 다른 사람에게 나를 따르라 하시니 그가 이르되 나로 먼저 가서 내 아버지를 장사하게 허락하옵소서

(눅 9:60) 이르시되 죽은 자들로 자기의 죽은 자들을 장사하게 하고 너는 가서 하나님의 나라를 전파하라

(딤후 2:4) 병사로 복무하는 자는 자기 생활에 얽매이는 자가 하나도 없나니 이는 병사로 모집한 자를 기쁘게 하려 함이라

(마 6:33) 너희는 먼저 그의 나라와 그의 의를 구하라

3) 주님을 따르겠다고 한 이 사람에게는 어떤 문제점이 있었습니까?

예수님을 따르는 제자라면 무엇을 해서는 안 됩니까?

주님을 따르는 자는 엘리사와 같이 어떻게 해야 합니까?

(눅 9:61) 또 다른 사람이 이르되 주여 내가 주를 따르겠나이다마는 나로 먼저 내 가족을 작별하게 허락하소서

(눅 14:26) 무릇 내게 오는 자가 자기 부모와 처자와 형제와 자매와 더욱이 자기 목숨까지 미워하지 아니하면 능히 내 제자가 되지 못하고

(눅 9:62) 예수께서 이르시되 손에 쟁기를 잡고 뒤를 돌아보는 자는 하나님의 나라에 합당하지 아니하니라 하시니라

(창 19:26) 롯의 아내는 뒤를 돌아보았으므로 소금 기둥이 되었더라

(왕상 19:21) 엘리사가 그를 떠나 돌아가서 한 겨릿소를 가져다가 잡고 소의 기구를 불살라 그 고기를 삶아 백성에게 주어 먹게 하고 일어나 엘리야를 따르며 수종 들었더라

4) 주님을 따르는 제자로서 나는 무엇을 포기하겠습니까?

주님을 따르는 데 있어 나는 어떤 핑계를 대면서 미루고 있습니까?

나는 주님을 따르는 데 방해되는 어떤 것을 정리하겠습니까?

5. 주님을 따른 결과

1) 예수님이 십자가에서 죽으셨지만 하나님은 이를 어떻게 하셨습니까?

(고후 13:4) 그리스도께서 약하심으로 십자가에 못 박히셨으나 오직 하나님의 능력으로 살아 계시니

(행 2:36) 그런즉 이스라엘 온 집은 확실히 알지니 너희가 십자가에 못 박은 이 예수를 하나님이 주와 그리스도가 되게 하셨느니라 하니라

(히 12:2) 그는 그 앞에 있는 기쁨을 위하여 십자가를 참으사 부끄러움을 개의치 아니하시더니 하나님 보좌 우편에 앉으셨느니라

(빌 2:9) 이러므로 하나님이 그를 지극히 높여 모든 이름 위에 뛰어난 이름을 주사 (빌 2:10) 하늘에 있는 자들과 땅에 있는 자들과 땅 아래 있는 자들로 모든 무릎을 예수의 이름에 꿇게 하시고 (빌 2:11) 모든 입으로 예수 그리스도를 주라 시인하여 하나님 아버지께 영광을 돌리게 하셨느니라

2) 예수님이 십자가를 지신 결과는 어떠했습니까?

(요 12:24) 내가 진실로 진실로 너희에게 이르노니 한 알의 밀이 땅에 떨어져 죽지 아니하면 한 알 그대로 있고 죽으면 많은 열매를 맺느니라

(사 53:11) 그가 자기 영혼의 수고한 것을 보고 만족하게 여길 것이라 나의 의로운 종이 자기 지식으로 많은 사람을 의롭게 하며 또 그들의 죄악을 친히 담당하리로다

3) 주님을 위해 희생한 사람에게 어떤 보상이 주어집니까?

(눅 9:25) 사람이 만일 온 천하를 얻고도 자기를 잃든지 빼앗기든지 하면 무엇이 유익하리요

(막 8:35) 누구든지 자기 목숨을 구원하고자 하면 잃을 것이요 누구든지 나와 복음을 위하여 자기 목숨을 잃으면 구원하리라

(막 10:40) 내 좌우편에 앉는 것은 내가 줄 것이 아니라 누구를 위하여 준비되었든지 그들이 얻을 것이니라

(계 2:10) 너는 장차 받을 고난을 두려워하지 말라 볼지어다 마귀가 장차 너희 가운데서 몇 사람을 옥에 던져 시험을 받게 하리니 너희가 십 일 동안 환난을 받으리라 네가 죽도록 충성하라 그리하면 내가 생명의 관을 네게 주리라

4) 주님을 따를 때 손해 보는 것과 잃는 것이 있을 수 있습니다. 썩어질 것과 영원한 것, 넓은 길과 좁은 길 중에서 어느 길로 가겠습니까?

이 과를 마치면서

1. 나의 십자가를 지고 주님을 따르는 제자가 되도록 기도하십시오.

소감 및 깨달은 말씀

출 석 부

제　　　권　　제자양육, 훈련, 무장 과정　　　단계
출석 ／8 - 지각　　　　　예습 A,B,C 중　　　　기도 5번 일 : 10분 이상

날짜	과	이 름	출 석	예 습	성경읽기	기 도	큐 티	암 송	과 제	인도자

두루제자훈련 제자화 과정 •···

| 제자 양육 과정 5단계(35과) |

1권 110 제자 양육 1단계(7과): 그리스도의 복음

2권 120 제자 양육 2단계(7과): 그리스도인의 성장

3권 130 제자 양육 3단계(7과): 그리스도인의 새생활

4권 140 제자 양육 4단계(7과): 그리스도의 교회

5권 150 제자 양육 5단계(7과): 그리스도인의 예배

| 제자 훈련 과정 5단계(35과) |

6권 210 제자 훈련 1단계(7과): 그리스도인의 새생명

7권 220 제자 훈련 2단계(7과): 그리스도인의 확신

8권 230 제자 훈련 3단계(7과): 그리스도인의 생활

9권 240 제자 훈련 4단계(7과): 그리스도의 교리

10권 250 제자 훈련 5단계(7과): 그리스도인의 성숙

| 제자 무장 과정 5단계(35과) |

11권 310 제자 무장 1단계(7과): 그리스도의 제자

12권 320 제자 무장 2단계(7과): 그리스도인의 성품

13권 330 제자 무장 3단계(7과): 그리스도의 제자도

14권 340 제자 무장 4단계(7과): 그리스도인의 사역

15권 350 제자 무장 5단계(7과): 그리스도인의 지도력

우리는 평신도를 제자화하여 하나님의 나라를 확장한다.

1. 1992.1.28. 마태복음 9:35-38에 예수님이 모든 도시와 마을에 두루 다니사 가르치시며(teaching ministry) 전파하시며(preaching ministry) 고치시는(healing ministry) 사역을 하신 것을 통하여 두루선교에 대한 비전을 주셨다.

2. 우리는 교회를 중심한 제자훈련을 열심히 실시하여 왔으며 우리의 목표는 평신도를 제자화하여 하나님 나라를 확장하는 것이다.

3. 2004. 9.5. 창대교회에서 두루선교대회를 개최하여 캠퍼스 간사와 리더들과 평신도 리더들을 파송하고 지부와 교회 사역자들과 후원 이사들을 위촉하였다.

4. 두루제자훈련원 세미나는 2004년 12월 겨울학기부터 시작하게 되었는데 1년 7학기로 정기세미나를 실시하고 있다.

   1) 초봄 학기: 2월~3월 7주   4) 여름 학기: 8월 집중   7) 겨울학기: 1월 집중
   2) 봄 학기: 4월~5월 7주   5) 가을 학기: 9월~10월 7주
   3) 늦봄 학기: 6월~7월 7주   6) 늦가을학기: 11월~12월 7주

5. 현재 세미나는 목회자반과 평신도반이 개설되어 있으며 캠퍼스는 연세대, 서울대, 이화여대 등 여러 대학에서 사역하고 있다.

6. 두루제자훈련원 중점 사역들(교회 중심의 제자훈련)

   1) 단계별 소그룹 성경공부

      ① 제자양육과정(5단계: 35과)

      ② 제자훈련과정(5단계: 35과)

      ③ 제자무장과정(5단계: 35과)

   2) 주제별(연역적인 방법) 성경강의(100 Topics)

   3) 책별(귀납적인 방법) 성경연구(신구약 66권)

   4) 제자수련회를 통한 영성훈련

7. 세미나 및 교재에 대한 문의

   두루제자훈련원 평생 전화/ 0505-500-0505

   이메일 · duru@hanmail.net   홈페이지 · www.durums.org

   해외나 멀리 계신 분은 인터넷으로 통화할 수 있습니다.

8. 해외나 지역, 교회, 캠퍼스, 직장 등에서 제자훈련 사역을 하실 분은 연락 바랍니다.

9. 등록 및 후원 입금계좌: 신한은행 110-115-963454 (계좌명: 두루선교회)

저자 이문선 목사

총신대학교 신학대학원 3년 재학 중 제자훈련을 연구하여 논문을 작성하였고 캘리포니아신학대학원에서 제자훈련 논문을 출판하였다. 비브리칼신학대학원 목회학 박사과정 논문을 준비하고 있으며 지금까지 25년 이상 제자훈련을 연구하며 실시하고 있다. 현재 대한예수교장로회 총회(합동) 서울북노회 창대교회(일산) 담임목사로 섬기고 있으며 프리셉트 전문 강사로 일산을 중심으로 1998년부터 8년째 90학기(10주 과정) 정도 신구약 성경을 강의하였다. 두루제자훈련원(두루선교회)을 설립하여 2004년 12월부터 1년 7학기로 정기세미나를 인도하고 있으며 현재 목회자반과 평신도반을 강의하고 있고 연세대와 서울대와 이화여대를 중심으로 캠퍼스 사역을 실시하고 있다.

논문: 제자훈련의 이론과 실제
교재: 두루제자화 과정

두 루 제 자 훈 련 원   제 자 화   과 정
제13권 제자무장 3단계 그리스도의 제자도

초판1쇄 발행일 | 2010년 11월 10일
초판2쇄 발행일 | 2019년 2월 28일

지은이|이문선   펴낸이|김학룡   펴낸곳|엔크리스토
마케팅|유영진, 조형준   관리부|김정구, 오연희
교정|김의수, 임유진   표지그림|진형주

출판등록|2004년 12월 8일(제2004-116호)
주소| 경기도 고양시 일산동구 장항동 585-2
전화|(031) 906-9191   팩스|0505-365-9191
이메일|9191@korea.com
공급처|(주)기독교출판유통

ISBN 978-89-92027-95-3 04230
      89-92027-02-8(세트)

● 잘못된 책은 바꾸어 드립니다.
● 이 교재의 사용 방법, 내용, 훈련, 세미나에 대한 문의는 두루제자훈련원(0505-500-0505)으로 해주시면 최선을 다해 도와드리겠습니다.